# 三重県議会
# ―その改革の軌跡

～分権時代を先導する議会を目指して～

監　修　三重県議会議会改革推進会議
編　著　三重県議会

公人の友社

# 発刊に寄せて

三重県議会の改革は、平成七年四月に北川正恭知事が誕生したのと機を同じくして始まったと言える。それはちょうど私自身が初当選した時期とも重なっている。

それ以来、議会内では議会改革をめぐって会派が合従連衡を行ってきたが、どの会派も過半数に満たない状態であり、私は、それはこれまでのように「数の論理」では決めてはならないという県民の審判・意思だと受け止めている。

議会としては、どの会派が、誰が一番良い政策を出せるか。これからの議会は「数の論理」ではなく、「理の論理」で動かなければならない。それが地方議会であると考えている。

三重県議会では、平成一五年一〇月に三重県議会議会改革推進会議を設置して改革を進め、平成一八年一二月には、都道府県議会では初めて議会基本条例を制定した。そして、これまで三度議長を務めた、初代の議会改革推進会議会長の岩名秀樹・前議長が、改革を牽引してくれた。それを我々がしっかりと引き継ぎ、さらに県民の視点で発展させていかねばと思っている。

今回、（株）公人の友社さんから、三重県議会の改革の軌跡とも言える本が出版されることとなった。我々としては、一人でも多くの全国の議会関係者の方々にこの本を読んでいただき、議会改革の参考にしていただければ幸いである。

平成二一年四月

三重県議会議長
三重県議会議会改革推進会議会長　萩野　虔一

# 目次

## 第Ⅲ編 資料 221

# 第Ⅰ編　三重県議会基本条例の制定

# 1　二元代表制における議会の在り方について（最終検討結果報告書）

（平成一七年三月三〇日・二元代表制における議会の在り方検討会）

## 1　はじめに

### (1)　検討会の設置

この最終報告は、平成一三年度に設置された「政策推進システム対応検討会」が行った中間報告「ニュー・パブリック・マネジメント時代における議会のあり方についての調査」を引き継ぐものである。この検討会が設置された理由は、平成一四年度から執行機関が導入しようとした「政策推進システム」に対応するため、議会の監視機能の在り方を検討する必要が生じたことである。

### (2)　政策推進システムとニュー・パブリック・マネジメント

三重県の政策推進システムの基本的な考え方は、県庁をサービス機関ととらえ、行政運営を管理型システムから経営型システムへと転換させようとすることであった。行政を「経営」ととらえる動きは、一九八〇年代アングロサクソン系諸国で導入された行政運営の手法であるニュー・パブリック・マネジメントに見られた考え方で、三重県の政策推進システムもこれらの国々の事例を参考に、日本の地方自治制度を踏まえた行政経営モデルを構築しようとしたものであると言われている。

特に、ニュー・パブリック・マネジメントの手法の一つである政策評価を説明するなかで、執行機関のマネジメント・サイクルとしてPlan-Do-Seeのサイクルが示され議会との関係について論議を呼んだ。執行機関によって示された「三重県政のマネジメント・サイクル」では、執行機関の内部でPlan-Do-Seeのサイクルが完結しており、議会の関与についての具体的なイメージが示されていなかったのである。あたかも、平成一二年四月に施行されたいわゆる地方分権一括法により、機関委任事務が廃止され、自治体の権限が拡大し、首長制をとる自治体の長の権限は飛躍的に増大した。強力な執行権に裏打ちされた執行機関が、その自己完結性を向上させてゆくことは、監視・評価機関としての議会の危機感を高めた。

### (3)　検討会中間報告の視点

そのため、議会は急きょ、全会派からなる「政策推進システム対応検討会」を立ち上げ、①総合計画「三重のくにづくり宣言」の変更に係る議案の取扱い、②「三重のくにづくり白書」（総合計画の施策ごとの評価シート）の委員会審議の方法、③政策推進システムに対応した議会の監視・評価機能の在り方、を検討することとなった。これらの課題のうち、③について掘り下げた検討を行ったものが平成一五年二月の中間報告である。

「執行機関におけるマネジメント・サイクルの確立はそれ自体有効であるとしても、その完成度が高まれば高まるほど議会の位置付け、役割といったものは不安定なものになる。「執行」を行わない議会が単純にマネジメント・サイクルに入ろうとするならば、議会が執行機関ないしマネジメント・サイクル（政策推進システム）に「取り込まれる」ことになる。（中間報告抜粋）」

本来、議会は県政のマネジメント・サイクルのSeeの部分を受け持つべき監視機関であるべきである。しかし、執行機関から示されたマネジメント・サイクルのSeeの部分を受け持とうとして、あえて執行機関のマネジメント・サイクルの中に踏み込んだ場合、執行権を持たない議会は執行機関の一部分として取り込まれてしまう。その一方、執行機関が行うSeeの部分は議会の役割ではないとして、議会が関与しないまま執行機関が行うSeeの完成度が高まれば、議会の存在意義が問われかねない。このような議会にとって厳しい現状にかんがみ、真にあるべき二元代表制の姿をとらえなおし、議会の存在価値、担うべき役割・機能を改めて自ら問い直していこうという問題意識のもとに中間報告はまとめられたものである。

### (4)　最終報告の視点と枠組み

この最終報告は、中間報告で提起された問題意識の根底にある自治体の長と議会の関係を今般の分権改革の枠組みを通じて読み解き、地方分権推進委員会最終報告において第三次分権改革の課題とされた「住民自治の拡充」の観点を含め、二元代表制における議会の在り方について提言を行うものである。

憲法九二条に「地方公共団体の組織及び運営に関する事項は、地方自治の本旨に基づいて、法律でこれを定める」とあり、地方自治法で定められている。この最終報告では、憲法九三条において「長も議員もともに直接選挙される」旨規定された二元代表制の枠組みから考察し、この趣旨に沿わない地方自治法の規定については、当然、改正等の提言を行うものである。

## 2　分権改革と三重県の改革

### (1)　地方分権改革の流れ

平成一二年四月に施行された地方分権一括法は、我が国の地方自治にとって画期的な意味を持つものであった。機関委任事務制度に象徴される国の集権的体制が改められ、自治体の事務は自治事務と法定受託事務の二区分とされ、国の機関としての事務がなくなり、国の自治体に対する包括的指揮監督権は解消された。国の省庁による通達が全廃され、自治体は法令自主解釈権を手に入れることとなった。また、自治体に対する国の関与等の在り方に法定主義の原則、公正・透明の原則などが導入されるとともに、国と自治体の間の係争処理の仕組みが定められた。これらの改革は、国と自治体が対等の関係に立つことを意味し、憲法の予定する「地方自治の本旨」の一半である「団体自治の原則」を実現しようとするものであった。一般に、「地方自治の本旨」とは、住民自治と団体自治の二つの原則によって構成されるものと言われている。住民自治とは「地方自治が住民の意思に基づいて行われるという民主主義的要素（芦部信喜「憲法」岩波書店）」であり、団体自治とは「地方自治が国から独立した団体に委ねられ、団体自らの意思と責任の下でなされるという自由主義的・地方分権的要素（同書）」である。今般の分権改革において「団体自治の拡充」について一定の措置がとられたわけである。

しかし、これらの改革は、税・財源の移譲が不十分であったため財政上の団体自治が確立されなかったこと、「住民自治の原則」の視点に立った制度設計にはあまり触れられなかったことから「未完」の改革であったと言うことができる。

### (2)　三重県の行政システム改革

三重県では、平成八年から職員の意識改革を目指した「さわやか運動」に取り組みはじめた。平成一〇年からは「行政システム改革」による集中的な改革が行われた。「行政システム改革」は、後に「政策推進システム」として県政運営のシステムに導入された「ニュー・パブリック・マネジメント」の考え方により多くの影響を受けたものであった。

平成一六年には「政策推進システム」を改善し、新しい総合計画「県民しあわせプラン」を実現するための行政運営の仕組みとして、「みえ行政経営体系」を策定するに至った。「みえ行政経営体系」は、経営品質向上活動と危機管理、環境マネジメントシステム（ISO14001）をマネジメントのベースとして、広聴広報・情報マネジメントシステムにより県民ニーズを把握、反映するなかで、戦略策定（Plan）、戦略展開（Do）、評価（See）のサイクルが相互に連携してマネジメントを行う行政運営システムであると言われている。

### (3)　三重県議会の議会改革

執行機関で改革が進められる一方、議会でも予算の不適正執行を契機に、議会の諸課題についての改革が推し進められることとなった。平成八年には「三重県議会改革検討委員会（議長、副議長、各派代表者による）」を設置し、議会では、これまでに情報公開条例への実施機関としての参加、本会議一般質問のテレビ中継、委員会会議録の作成・公表、予算決算特別委員会の設置、議長交際費・海外視察・県外調査の定期的情報提供など様々な改革を行ってきている。

また、議会改革を促進する大きな要因の一つは、平成一二年四月に地方分権一括法が施行されたことである。これにより、県の事務の七割から八割を占めていた機関委任事務が廃止された。この国の機関委任事務については、議会の議決権や調査権が及ばなかったが、この事務の廃止により、議会は原則的に全ての事務について関与することができるようになった。

こうした分権改革の流れの中で、議会が本来持っている役割が認識され、議会が長の追認機関であるとの批判にこたえるため、審議会の委員への議員の就任の原則禁止など執行機関と一線を画し、是々非々の立場で対等に議論するための議会改革を進めてきている。平成一一年第二回定例会では、四三年ぶりに知事提出条例の修正、平成一四年第一回定例会では、「工事請負契約について」の議案の否決、決算もこれまでに五ヶ年分を不認定としている。政策に係る議員提出条例案の提出についても、平成一一年度から積極的に取り組まれてきており、平成一五年度までに九件の条例が制定されている。

平成一四年三月には、三重県議会が目指す方向等を議員が共通認識を持つとともに、県民に分りやすく伝えるため、分権時代を先導する議会を目指すことを基本理念とする「三重県議会の基本理念と基本方向」を決議した。

## 3　ニュー・パブリック・マネジメントと長と議会の関係

### (1)　Plan-Decide-Do-See サイクル

憲法において、自治体は二元代表制をとっており相互けん制・抑制と均衡により、県民の福祉の向上を図ることを目的とする自治体と、収益性、効率性を重んじる民間企業の経営とは異なる。企業の経営の考え方や手法を行政に導入するニュー・パブリック・マネジメントを取り入れることは、知事の行政執行上の問題である。しかし、このニュー・パブリック・マネジメントのマネジメント・サイクルを議会にまで拡大して考えることについては、憲法が規定する二元代表制、地方自治法上からも検討する必要がある。

あえて、議会による議決という「決定」機能に注目してPlan-Decide-Do-Seeサイクルととらえた概念図が図１である。

ニュー・パブリック・マネジメントのフレームによれば、長、行政機構、議会の関係は次のとおりである。長は戦略計画を策定し、個々の重点政策の目的に見合った数値化された目標を提示する。行政機構は戦略計画の具体案を作成し、これらを達成するための手段である施策・事業を体系的に関連づけてゆく。長はこれらの一連の計画の枠組みを議会に提示し、議会は戦略計画のビジョン、優先順位について判断し、手段となる施策・事業の有効性について評価を行う。さらに、政策の実施状況については、長が設定した数値化された目標に従って議会がこれを評価・監視する。長は成果のあがらない分野の施策・事業の有効性・妥当性を評価し、意思決定プロセスにフィードバックさせることで、施策・事業の改廃がダイナミックに行われる（大住荘四郎「パブリック・マネジメント」日本評論社）。

しかし、議会は、数値目標自体が適正であるかどうか、また、その成果指標が事業そのものの有効性を判断するうえで妥当であるかどうか、さらには、ニュー・パブリック・マネジメントの考えを取り入れた行政評価が評価手法として適切であるかどうかなど、ニュー・パブリック・マネジメントの考え方にとらわれず、様々な観点から評価することができる。ニュー・パブリック・マネジメントのフレームは議会の監視機能を発揮する場合のツールの一つとして使用することができると考える。

### (2)　もう一つの Plan-Decide-Do-See サイクル

中間報告では、執行機関限りのPlan-Do-Seeサイクルと、もう一つ別次元のサイクルとして「議会による政策方向の表明（Plan）→政策決定（Decide）→執行の監視・評価（Do-See）→次の政策方向の表明（Plan）」があるとして、次のように示

図1　長と議会の関係

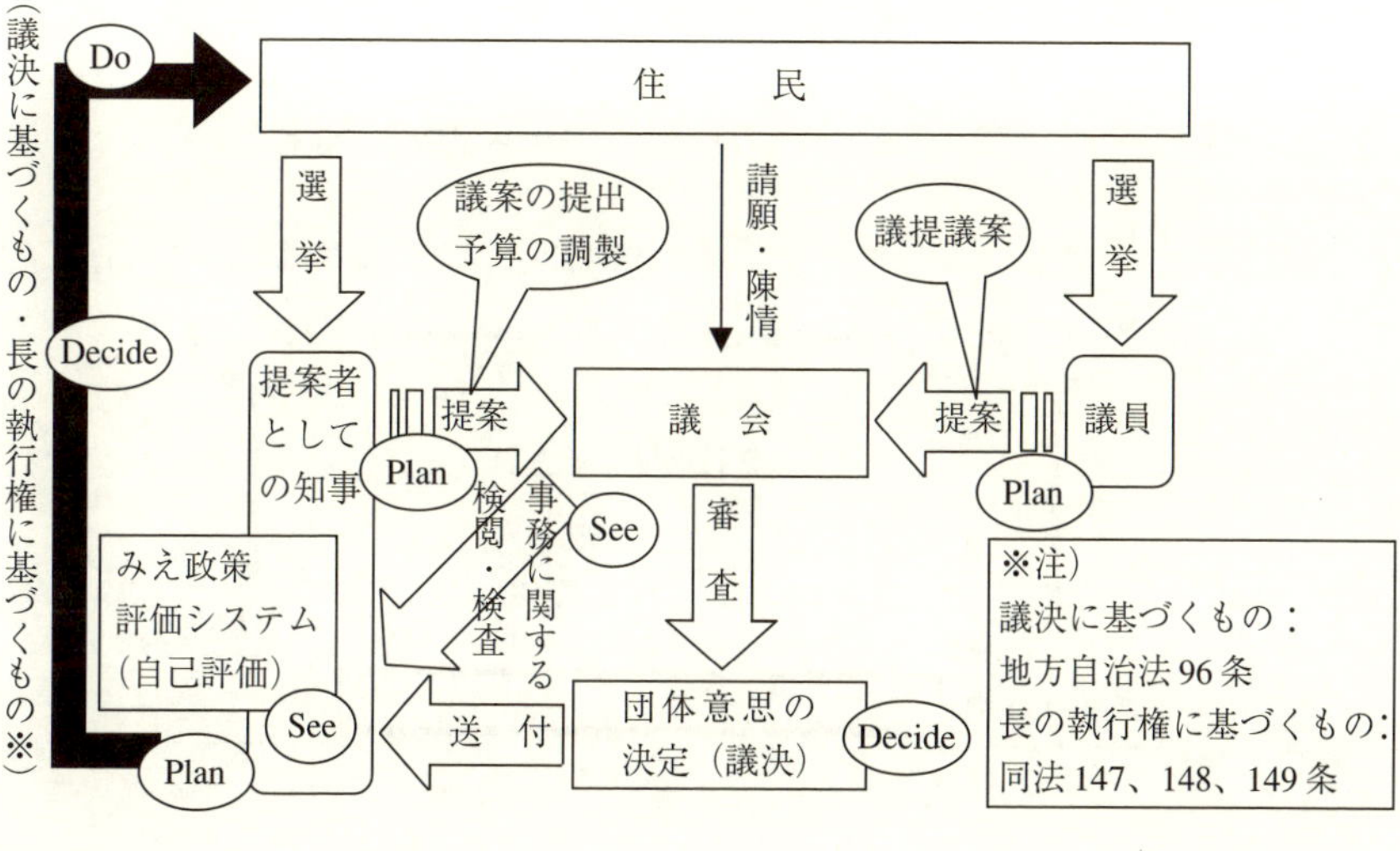

した。（図2参照）

「執行機関限りのPlan-Do-Seeサイクル」がすなわち政策推進システムで、政策推進システム上の政策立案がなされる前に、議会が「政策方向の表明」によって意思表示をし、政策立案が議会の表明した意思に合致するとき「政策決定」を議決として行い、その執行を議会が「監視・評価」して次なる「政策方向の表明」へとつなげる。執行機関は別途内部評価を行い、政策立案に反映させるという考え方である。

ニュー・パブリック・マネジメントの理論のなかでは、議会と長との関係については十分に論じられていない。これは、ニュー・パブリック・マネジメントの目的とするところが、執行機関が住民に提供する行政サービスの生産性の向上にあり、執行機関内部での「行政経営」に留まるものであるからと考えられる。

先に紹介したニュー・パブリック・マネジメントのフレームでは、戦略計画の策定と個々の重点政策の目的に見合った数値目標の提示は長の役目となっている。中間報告でのフレームはそれをさらに踏み込んで、議会が、長の策定する戦略計画と数値目標に基本的な方向付けを与えようとするところにポイントがある。

以下の章では、この中間報告で示した政策サイクルも考慮し検討を行う。

図2　中長期的な視点に立った新しいシステムの構築（政策サイクル）

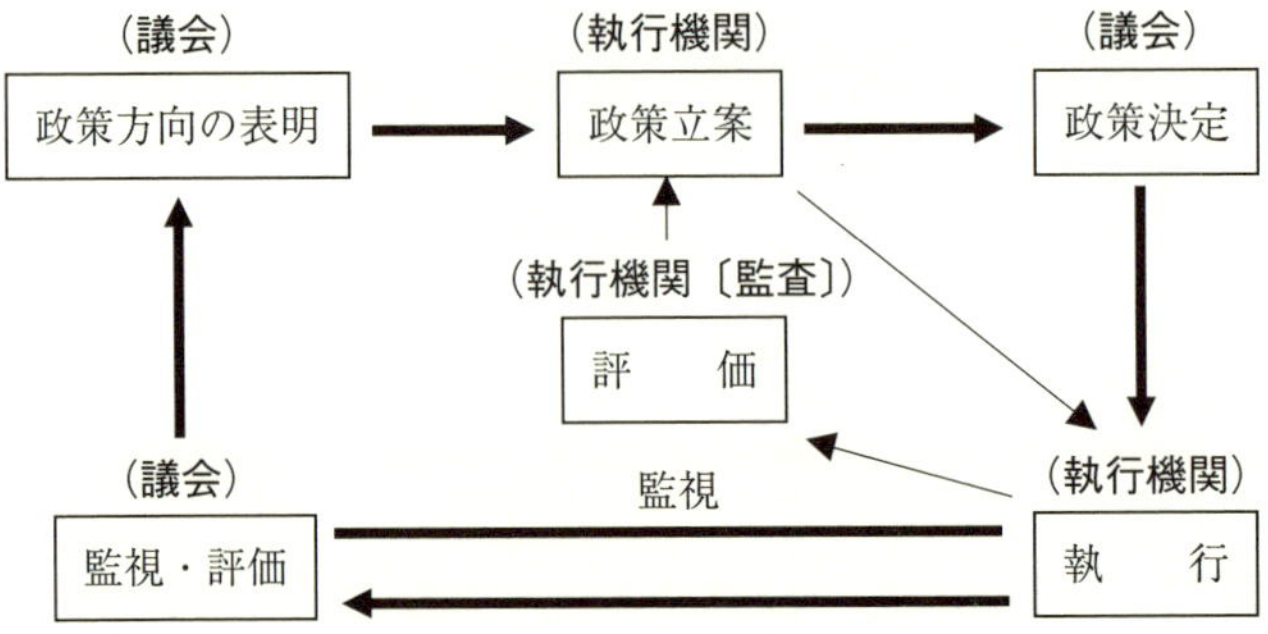

## 4　地方自治制度のとらえ方

### (1)　二元代表制（国の仕組みとの相違及びその意義）

憲法九三条二項は、地方公共団体の長と議会の議員は、住民が直接選挙することを定めている。このため、住民は長と議会という二元的な代表を持つこととなる。これに対して国は、選挙された議員で組織された国権の最高機関たる国会が指名する内閣総理大臣が内閣を組閣し、国会に対して責任を負うという議院内閣制を採用している。国では、国民を一元的に代表する国会に基盤を置く内閣が行政権を持つこととなるため、内閣総理大臣選出の母体となった党派とそうでない党派の間には常に緊張関係が存在する。この緊張関係が与野党関係である。

地方議会においても、長を支持する会派とそうでない会派の間に、疑似的な与野党関係が発生することがある。しかし、これは国の議院内閣制の枠組みを、首長選挙の際の支持不支持に当てはめているにすぎない。また、国レベルの党派とのつながりから、国レベルでの緊張関係を地方議会に持ち込んでいるものであるとも言える。本来、二元代表制をとる自治体においては、制度的にはこのような与野党関係が発生する仕組みとはなっていない。

二元代表制の特徴は、長、議会がともに住民を代表するところにある。ここでは地方議会が、国権の最高機関である国会とは異なり、執行機関と独立、対等の関係に立つものであることが注目されなければならない。憲法の予定する地方自治においては、地方議会内での与野党の緊張関係が求められるのではなく、ともに住民を代表する長と議会が相互けん制・抑制と均衡によって緊張関係を保ち続けることが求められるのである。議会は、長と対等の機関として、その自治体の運営の基本的な方針を決定（議決）し、その執行を監視し、評価する。すなわち、議会は「政策決定」の機能と、執行機関に対する「監視・評価」の機能を果たすこととなる。

### (2)　議事機関としての議会

#### ①　団体意思の決定と議決事件

憲法九三条一項に「法律に定めるところにより、その議事機関として議会を設置する」と規定されていることから、議会は自治体の憲法上の機関である。

「議事機関」としての議会とは、議会が団体意思の決定機関であることをいう。団体意思とは、法人としての自治体の意思である。しかし、地方自治法は団体意思

図3　県の仕組みと国の仕組み

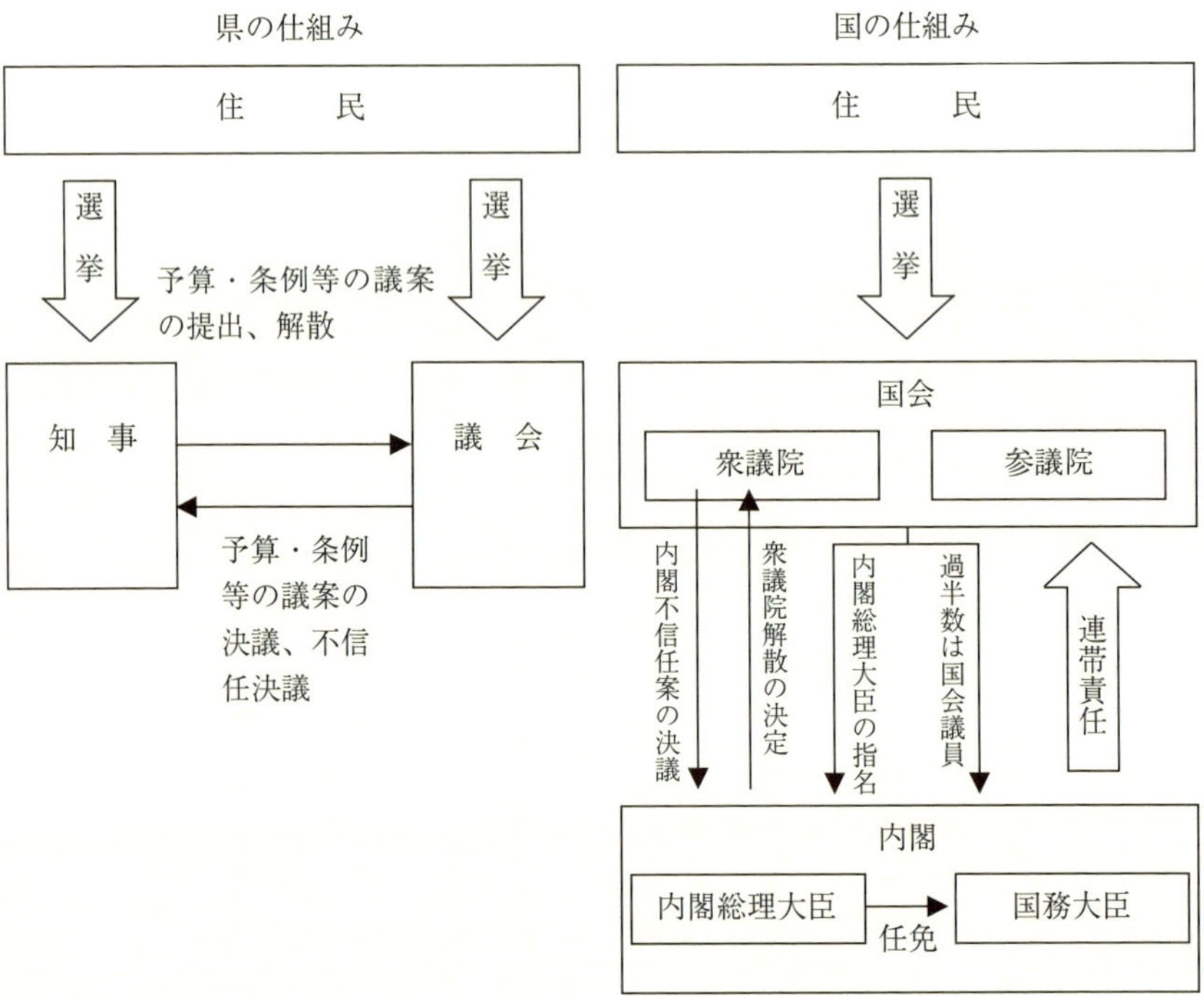

の決定をすべて議会の議決に係らしめているわけではない。議会の議決事件として地方自治法九六条一項に制限的に列挙されている項目及び同条二項の規定により条例で議決事件とされた事項について、議会の議決により団体意思を決定する（その他地方自治法の他の条項及び他の法律で個別に規定された議決事項もある。）。そのほかの事項については長が地方自治法一四九条に概括例示的に列挙されている事項等の自治体の事務について「包括的・網羅的」な執行権を有し、その権限において決定（団体意思の決定）することとなる。

長と議会は、双方が住民の直接選挙によって選出されるため、住民代表としての正統性に優劣はなく、それぞれの専管事項について団体意思の決定権を分有することはなんら不自然ではない。しかし、長の担任事務が概括例示的に示され、広汎な権限が推定されることと比較して、議会の権限が制限列挙的に規定されていることは、行政運営の効率化に配慮したとしても、二元代表制の下での長と議会との権限配分の在り方として妥当なものではない。また、執行機関からは、議会が関与しようとすると、専管事項であり長の権限に属すとの反論がなされるが、個々事例に即しどの部分が専管事項となるのか具体的に検討していく必要がある。

②　議決事件の追加のとらえ方

地方分権推進委員会の第二次勧告の中でも、地方自治法九六条二項（議決事件の追加）の活用に努めることが求められている。これまで、地方自治法九六条二項の解釈については、議会の権限が同法九六条一項の事項に限定され、同条二項によって議決権を拡張する余地はほとんどないと解釈されてきたが、そうであれば、同項が空文化する。いかなる事項を議会の議決に係らしめるかについては、一律である必要はない。「地方自治が住民の意思に基づいて行われる」ものであるという住民自治の観点から、どのような団体意思の決定を議会の議決に係らしめるかは住民の意思に基づいて決定されるべきである。

従って、地方自治法九六条二項については、広範な行政権限を有し、議会に比べ強大な権限を持つ長に対抗していくため、住民自治の原則の観点から、その活用が求められるところである。二元代表制の趣旨と行政の効率性に照らせば、地方自治法九六条二項の活用範囲は無際限には及び得ないが、その限界は、長と議会双方の真摯な議論に基づいて、住民の意思により定められるべきである。

### (3)　監視機関としての議会

議会は、住民が選出した二つの代表のうちの一方の代表として、自治体の中で、行政執行権を有する長が行政の執行を適切に行っているかを、相互けん制・抑制によって絶えず監視する責務を住民に対し負っている。

また、議会は、多様な価値観、利害を持った多数の議員で構成されており、様々な議論を経て最終的には議決によって、議会の意思が決定される。しかし、行政執行の最終決定者は長一人であり、この意味で長という一人の人間の価値観に基づき決定されるといえる。住民の意識は以前では考えられないほど多様化し、様々な価値観を持って生活している。このため、自治体の政策決定は、議会という開かれた場において、多様な価値観の中でその議論の過程を明らかにすることによって、はじめて住民から理解の得られる適切な結論、選択を導き出せるものである。

議会の監視機能については、一般的な規定は存在しないが、地方自治法九六条の議決による関与、同法一〇〇条などによる調査権の行使等が制度的に保障されることにより、議会と長との間に相互けん制・抑制と均衡を担保する手段が設けられている。

このため、自治体の団体意思を決める条例の制定改廃、予算の決定などのほかに、本来長の権限とされる決算の認定、重要な契約の締結などについても、その個々具体の執行を議会が事前又は事後に監視、統制することから地方自治法九六条一項によって議決事件とされている。

長への議会の関与として、最大のものは、条例制定・改廃権と予算議決権である。このうち、予算は、自治体の行政を計画的、効率的かつ民主的に推進していくため、住民の意思を反映しつつ、どのように支出していくかを明らかにしたものである。予算を伴わないような行政執行は考えられないことから、予算議決権は議会にとって、執行機関の行政執行を拘束し、監視するための最も有効かつ広範な権限と言える。

監視機能を発揮することと併せ、議会の政策を実現するためにも、議会が予算編成前に政策を提言し、取り入れられない場合には、その理由をただし、了解できない場合には予算修正権を行使するなど積極的に予算議決権を活用することが望まれる。

また、決算認定権は、事後報告であり、議会が不認定としてもその支出行為の効力に変更はないが、長の政治的責任を問うものであり、議会が監視機能を果たす上で重要な役割である。

このほか、議会が監視機能を果たすための権限として調査権がある。調査権には、検閲・検査権（地方自治法九八条）、調査権（地方自治法一〇〇条一項）、常任委員会の所管事務調査権（地方自治法一〇九条三項）がある。このうち、最も強力な権限を有するものは、いわゆる「一〇〇条調査権」と言われるもので、罰則による制裁措置が設けられている。

地方自治法九八条においては、議会は自治体の事務の執行状況について検査することができること、事務監査の実施を監査委員に求めることができる旨が規定されており、また、同法一〇九条三項では、常任委員会はその所管する事務について調査を行うことができるとされている。しかし、一般的な資料請求権については法律上議会に認められていない。

これらの調査権は、議会、あるいは委員会に認められたものであり、議員には調査権が認められていない。しかし、執行機関と議会ではその持っている情報量に格段の相違（情報の非対称性）があり、執行機関からの情報が得られなければ、充実した審議を行うことはできない。議員への一般的な資料請求権の付与を含め、議会が幅広く充実した審議を行うため議員個人の調査権について検討すべき課題である。

### (4) 政策形成と議員提出条例

① 政策形成への議会の関与

議会及び議員の政策形成への関与については、議員の長への要望活動、本会議・委員会での長に対する提言・質疑、意見書・決議による議会意思の表明、さらには、議案の修正・否決、議員提出条例の制定などがある。

ここでは、議会の団体意思、機関意思としての政策形成への議会の関与について検討する。

ア 意見書・決議による政策表明

議会は様々な住民を代表する議員により構成されている。また、政治的な共通目標を有する議員が会派を形成している。このため、執行機関からすると特定の議員、あるいは、特定の会派からの政策提言があっても対立する意見を持つ議員、あるいは、会派が存在する場合には、その取扱いに苦慮することになる。こうしたことからも、例えば、予算に関する重点配分などを意見書・決議により議会の意思として表明することが考えられる。意見書・決議は、法的な強制力はないものの、事実上長を拘束するものであり、今後活用してゆくことが望まれる。議会は長に比べ政策に対しての知識・情報量、サポート体制において圧倒的な格差があり、現時点において、詳細な行政執行面に及ぶ政策提言を行う能力を有しているとは言いがたい。しかしながら、意見書・決議により政策提言を行う場合には、意図する内容が明確であれば問題がなく、長はその趣旨に従って施策を講じることを検討しなければならない。また、できない場合には、その理由を説明する責任が生じるものである。

イ 議案の修正

議会は、長から提出された議案を修正・否決することによって、長の政策形成に大きな影響を与えることができる。しかし、議案の修正・否決に当たっては慎重な審議が求められ、事案によっては公聴会の開催など幅広く利害関係者等の意見を聴取することなどが求められる場合もあり、一層、議会審議を充実していく必要がある。このため、定例会の回数、会期の日数、委員会審議等の在り方について検討していく必要がある。

また、修正案についても、条例案等の修正を行うには条例案等に対する修正案を提出することが必要であり、専門的な知識を有さなければ修正案を作成することが困難である。また、修正案を提案しても、形式的な不備により、修正案が廃案となることも考えられる。こうした状況においては、法制執務面からもサポート体制の充実や修正案がもっと容易に提出できるよう改善を求めていく必要がある。

議会は、長提出議案の追認機関との批判にこたえるためにも、積極的に修正権を活用することが望まれる。

ウ　政策条例の提出

地方自治法一一二条に基づき議員には議案提出権が付与されており、団体意思の決定を行う議案についても定数の一二分の一の賛成者をもって提出することができる。地方自治法九六条一項一号の「条例を設け又は改廃すること」は、議員、長ともに提案権が認められている。議員提出条例の制定は、執行機関に対して議会の政策を条例という形式で明確にするため、その執行について、法的な保障が与えられた、政策目的の実現に当たっては最も確実な手段である。

これまで、本県議会は、全会派による条例案検討会を設置し、その中で条例案について検討を行い、議員提出条例案として提出している。

宮城県議会では、条例案検討のため特別委員会が設置され、その中での検討、審議を経た上で条例案が提案されている。特別委員会で審議するメリットとしては、議事録の作成、委員会の傍聴など審議過程の公開、参考人を招致することによる有識者の意見の条例への反映などが挙げられる。
本県議会の条例案検討会における条例案の検討についても、中間案のプレス発表により検討会の議論の過程を公表することや、パブリックコメントの実施などにより県民の意見を反映していくことなどについて今後検討していく必要がある。

② 条例制定権の根拠

条例制定権の根拠は、憲法九二条の「地方自治の本旨」を受けて、直接には憲法九四条に求められる。憲法九四条は国会を「国の唯一の立法機関」とする憲法四一条の例外規定であるとも考えることができる。最高裁判例は「地方公共団体の制定する条例は、憲法が特に民主主義政治組織の欠くべからざる構成として保障する地方自治の本旨に基づき、直接憲法九四条により法律の範囲内において制定する権能を認められた自治立法に外ならない（最大判昭和三七・五・三〇）」として、条例が自治立法であることを判示している。

また、平成八年一二月六日の衆議院予算委員会において、大森政府委員（内閣法制局長官）は、「現行日本国憲法は、第八章におきまして地方自治の原則を明文で認めております。そして九四条は、「地方公共団体は、その財産を管理し、事務を処理し、及び行政を執行する機能を有する」このように明文で規定しているわけでございますので、地方公共団体の行政執行権は憲法上保障されておる。したがいまして、ただいま御指摘になりました憲法六五条の「行政権は、内閣に属する。」というその意味は、行政権は原則として内閣に属するんだ。逆に言いますと、地方公共団体に属する地方行政執行権を除いた意味における行政の主体は、最高行政機関としては内閣である、それが三権分立の一翼を担うんだという意味に解されております。」と答弁し、自治体の行政執行権は内閣の行政執行権の一部ではなく、自治体の権限として行政執行権を有するとも受け取れる発言を行っている。自治体が自らの権限として行政執行権を有するのであれば、当然その事務に関して法規を設けることは認められるものであり、これも自治体の自治立法権を裏付けるものである。

平成一二年四月の機関委任事務の廃止により、自治体の事務のうち条例制定権の対象となる事務の範囲は大幅に拡大した。自治体が行う事務のほとんどが条例制定の対象となり、地域の課題に対応した、政策的な条例制定の可能性も拡大した。議会として能動的に政策決定にかかわる範囲も同時に拡大したのである。

③　三重県の議員提出による政策条例

三重県でも議員提出による政策条例制定の試みが行われている。平成一一年に制定された「三重県生活創造圏ビジョン推進条例（平成一二年三重県条例第六一号）」をはじめとして平成一五年度までに九件の議員提出による政策条例が成立している。**表1**は平成六年からの、三重県で制定された政策的な議員提出条例の一覧である。これらのうち、③④⑧が執行機関と議会との関係を規定する条例であり、③⑥が地方自治法九六条二項を活用した議決事件の追加を

**表1　三重県の議員提出条例**

| 条　例 | 議決日 | 公布日 |
|---|---|---|
| ①清潔で美しい三重をつくる条例（13.3.27 廃止） | H6.3.24 | H6.3.29（三重県条例第 29 号） |
| ②三重県生活創造圏ビジョン推進条例 | H12.3.21 | H12.3.24（三重県条例第 61 号） |
| ③三重県行政に係る基本的な計画について議会が議決すべきことを定める条例 | H13.3.22 | H13.3.27（三重県条例第 47 号） |
| ④議会の議決すべき事件以外の契約等の透明性を高めるための条例 | H13.3.22 | H13.3.27（三重県条例第 48 号） |
| ⑤三重県リサイクル製品利用推進条例 | H13.3.22 | H13.3.27（三重県条例第 46 号） |
| ⑥県の出資法人への関わり方の基本的事項を定める条例 | H14.3.20 | H14.3.26（三重県条例第 41 号） |
| ⑦県が所管する公益法人及び公益信託に関する条例 | H14.3.20 | H14.3.26（三重県条例第 42 号） |
| ⑧三重県における補助金等の基本的な在り方等に関する条例 | H15.3.12 | H15.3.12（三重県条例第 31 号） |
| ⑨子どもを虐待から守る条例 | H16.3.19 | H16.3.23（三重県条例第 39 号） |

伴う条例となっている。

どのような政策条例が議員提出になじむものであるかについての全国的な共通認識はまだ生まれていない。三重県においては、これまで、誘致企業への補助金問題が契機となって検討された「三重県における補助金等の基本的な在り方等に関する条例」などのように行政の適正化や透明性を確保するため制定される条例が多かった。どのような政策条例が議員提出になじむものであるかについての議論はあるが、条例として成立すれば議員提出条例も長提出条例も区別されるものではない。県民にとって、その条例が県民の福祉の向上につながるかどうかが重要であり、議員提出になじむかどうかより、県民の福祉の向上に役立つ条例であれば、議員は条例提出権を積極的に活用していく必要があると考える。

## 5　議会の運営

### (1)　開かれた議会運営

地方議会は住民を代表する機関である。「代表」とはどのような意味に理解すべきであろうか。「議会が住民の意思を代表する」ということは、「議会の意思が住民の意思とみなされる」ということである。議会の意思が住民の意思とみなされるためには、議会が公正に住民の全体意思を代表している必要がある。このとき、「住民の全体意思」とは、必ずしも多数の意見をいうものではなく、たとえ少数意見であっても社会にとって有益な意思を選良たる議員がすくいあげ、それを全体意思として政策決定に反映していくことが代議制の趣旨であると説明されてきた。

議員は選挙区等で様々な議員活動を行っており、その活動により住民の意見を吸い上げてきている。その手法については、それぞれの議員に委ねられるべきである。

しかし、政策の重要課題など議会で審議する場合には、個々の議員が議員活動により吸い上げてきた住民の意見が議会の審議の中にどのように反映されたのか、言い換えれば、様々な住民を代表する議員によりどのような審議が行われ、どのように決定がなされたのかなど、議論の過程を住民に公開することが求められている。また、政策の決定に当たって、問題となった事項、決定に至った過程などを県民に周知することが必要である。三重県議会は、本会議のテレビ中継、インターネットによる録画配信、委員会の会議録の公開、傍聴規則の見直しなど、住民に開かれた議会を目指して様々な取組を行ってきている。また、議場を「対面演壇方式」とし、これまでの一括質問方式から、一般の会話に近い一問一答方式も選べる分割質問方式も採用できることとし、傍聴者等に議論の内容が理解されやすくなるような試みを行ってきている。今後、夜間議会の開催や委員会のインターネット中継についても検討し、さらに開かれた議会となるよう取り組んでいくことが求められる。

### (2)　議会の招集

地方自治法は会期制を採用しており、委員会での継続審査などの例外はあるが、会期中のみ議会は活動能力を有する。議会は招集による会期の始まりとともに活動能力を取得し、会期の終了とともにその活動能力を失う。従って、議会を何時招集するのか、また、会期をどのように定めるのかは議会の権限との関係で重要な問題である。

このうち、地方議会の会期については、地方自治法一〇二条六項により議会の会期及びその延長並びに開閉に関する事項は議会が定めるものとしており、本県議会においては、開会日に議決により会期を決定している。しかし、議会の招集権については、現行法上議会にはなく、地方自治法一〇一条に長が招集すると定められており、長に専属している。長の招集行為がなければ、事実上議員が一堂に会して会議を行っても有効な議会活動とならず、長の「招集」は議会が有効に議会活動を行うための絶対要件となっている。

このため、議会の正副議長の選挙、常任委員会委員等の役員を選任する臨時議会の開催すら長から招集されなければできなく、現状においては、議会は自立、独立した機関と言えるものではない。また、議会と長が対立することも考えられ、議会が長の不信任の議決、長が望まない一〇〇条委員会の設置についてなどを会議に付すべき事件として臨時議会の招集を請求しても、長は、招集の日時などについて招集を請求した議員の意思に拘束されないとされており、臨時議会の日程を先延ばしすることも考えられる。

二元代表制の下でともに住民から選ばれた代表として、相互けん制・抑制と均衡によって行政を適切に運用していくうえで、議会活動を有効に行うための絶対要件となる議会の招集権が長に専属していることは明らかにバランスを欠いていると言わざるを得ない。議会の意思を決定する会議である議会の招集権が議長にないことは、議会の自立性を考えるとき極めて重要な問題であり、地方自治法の改正を求めていかなければならないものである。

### (3) 会議の運営

定例会は、地方自治法一〇二条二項に条例で定める回数を招集しなければならないとされている。この定例会の回数については、従来、年四回以内という制限があったが平成一六年五月に地方自治法が改正され回数制限が廃止されている。議会の開催については、重要な契約の締結、財産に関する各種の処分等は随時その必要に応じて決せられるべきであり、年一回の開会では到底対応しきれるものではない。また、これらの事件については定期的に議会開催の必要が生じるものであるから、その都度臨時会を招集することはその性質から適当ではなく、一定の時期に定期的に開会することが必要であるとされている。なお、定例会の開催回数は全ての都道府県で四回、定例会の会期日数は年間六二日から九九日の間が多い中で沖縄県が一二〇日と最も多くなっている（平成一五年、全議調べ）。本県議会の定例会の会期日数は九九日で沖縄県に次ぎ二番目に多くなっている。

議案の審議の手続きとして、まず、議会が開会されると、本会議において議題とし、提案理由説明、これに対する質疑があった後、議長が所管の委員会に付託し、委員会で審査ののち、最終日に再び本会議に上程され、委員長報告、修正案の説明及びこれらに対する質疑、討論の後採決され閉会となる。議案についてはこのように委員会に付託され審議されるが、審議を尽くすため、再度執行機関に資料の提出を求め、後日委員会を開催する必要が生ずる場合もある。このような場合、本県議会では委員会予備日に委員会を開催したり、また、急施を要する議案については先議を行うなど本県議会では柔軟な対応がなされてきている。今後、さらに、委員会による議案の審議の充実を図るため、例えば、発議又は提出された議案その他の案件を直ちに委員会に付託することや本会議の間に委員会を開催するなど国会の例を参考とし、これまでの審議手続きにとらわれず、議案の審査の在り方について検討していく必要がある。

また、このような会議日程により、現在、手続き等に時間を要することから現在活用されていない公聴会や、より簡便に利害関係人、学識経験者等の意見を聴取するため設けられた参考人制度の活用が容易となり、委員会審議の一層の充実を図ることができると考えられる。

### (4) 自由討議

国会法には「自由討議」の規定が設けられていたが、昭和三〇年、第二一回国会において削除された。条文と理由は次のとおりである（議会制度百年史議会制度編　衆議院参議院編集による）。

（条文）

第七八条　各議院は、国政に関し議員に自由討議の機会を与えるため、少なくとも、二週間に一回その会議を開くことを要する。

自由討議の問題につき、議員の動議により、議員の表決に付することができる。

自由討議における発言の時間は、特に議院の議決があった場合を除いては、議長がこれを定める。

（制定理由）　議員に政党の政綱、個人の意見、政府に対する質問等自由に発言させるために、自由討議の制度を設け、二週間に一回は必ずその会議を開くべきこととした。また、自由討議においては、なるべく多くの議員に発言の機会を与えるため、特に院議で議決がない限りは、議長がその発言の時間を定め得ることにした。

（削除理由）　自由討議は、過去の実情にかんがみ、その必要が認められないので、これを廃止することとした。

昭和三〇年の上記の改正により、自由討議の規定は削除されるのであるが、その理由は「過去の実情にかんがみ必要が認められない」ことである。議員同士の討論の場を設けることは、理念としては好ましいものであったのであるが、実際には機能し得なかったと言える。

しかし、自治体は、国会で指名された内閣総理大臣が内閣を組閣し、与野党関係が生じる議院内閣制とは異なる二元代表制を採っていることから、与野党関係は生じない。議会が二元代表制から導かれる長へのチェック機能を果たしていくためには、議員による自由討議等により議会の意思を集約していかなければ、強い権限を有する長に対峙していくことはできない。この際、政策目的を同じくする議員の集まりである会派が論点の整理、意見の集約に大きな役割を果たすことが期待されている。

### (5)　議会の特性と会派

二元代表の一方としての議会が持つ、長と異なる大きな特徴は、合議体であることである。英訳憲法の「議事機関としての議会」は“Assemblies as their deliberative organs”である。“Assembly”は集会の意味であって、多様な意見、利害関係を持つ人々の集まりである。執行機関の意思決定が長の判断によって迅速にされることに比して、議会はこのような多様な意思の集まりであることから、必然的に決定に至るプロセスにはより議論が必要となるが、この多様性こそが、議会の大きな特徴である。こうしたことから、自分たちの政策を実現していくには、多くの議員の賛同を得ることが必要となる。このため、議会内に政策目標が一致する議員による「会派」が結成されている。会派制を採るか採らないかは、その議会の規模にもより、議会の意思として決定されるべき問題であると言われている。

従来、「会派」についての明確な定義はされてこなかった。平成一二年に地方自治法一〇〇条を改正し、政務調査費の支給対象として会派を規定したため、「会派」は初めて地方自治法上の用語となったが、この際も用語についての定義は行われていない。

議会は住民から公選された議員個人を構成員としている。そのため、会派については特に明確な定義を必要としなかったものと考えられる。しかし、「会派」は、調査研究するための主体、言わば、政策集団として位置付けられるとともに、政務調査費の交付対象として金銭面からもその位置付けが与えられた。二元代表制のなかで、本来的には存在しないはずの与野党関係を、擬似的に現出させる母体となっている「会派」がどのようなものであるべきかについて、議会運営上の観点からも何らかの形で位置付けていく必要がある。

## 6　サポート体制の充実

### (1)　議会事務局体制の整備

地方自治法一三八条に「都道府県の議会に事務局を置く」という規定があり、議会事務局は当然設置されるものとされている。また、事務局長、書記その他の職員は議長が任免することが定められているとともに、事務局長は、「議長の命を受け議会の庶務を掌理する」とされている。

「議会の庶務」とは、地方自治法一〇四条の議長の統理する「議会の事務」と同義であるとされるが、行政実例によれば、議長がその地位において有する専属的権限は当然に除外される。また、「掌理」とは、法律上その権限に属せしめられた事務をその権限に基づき専管して処理することである。議会の庶務については、議会の会議事務と行政事務に大別され、前者としては、本会議及び委員会の運営に関する事務、請願書等の受理、会議録及び委員会会議録の調製等が、後者としては、人事、会計、議場の維持管理等の事務、図書に関する事務等が挙げられる。

しかしながら、地方分権一括法の施行により、機関委任事務が廃止され、国と対等・協力の関係となった自治体の中で長は、これまでとは比較にならない強力な権限を持つこととなり、議会はこれまで以上に監視機能を果たしていくことが求められている。また、二元代表制の趣旨からも、監視機能の一層の強化、住民の多様な意見の施策への反映、更には、政策条例等による政策立案機能の強化が求められている。

こうしたことから、議会事務局の仕事の内容についても、これまでの誤りなく議事を運営することに加え、これまで以上に監視機能、政策立案機能をその業務とする調査部門、法制部門のウェートが大きくなりつつある。本県議会事務局においては、平成一〇年四月に調査部門を独立させるとともに、議会の政策条例の提出をサポートしていくため政策法務部門の強化を行ってきており、実際に、議会事務局が行っている事務と「議会の庶務」とは大きく乖離している。

このように、議会事務局において大きなウェートを占めてきている議会の監視機能、政策立案機能等をサポートする事務について法制上明確にするとともに、二元代表制から求められる議会の権能を十分に発揮していくため、議会事務局を地方自治法上もっと積極的に位置付けるよう要望を行い、法制面からも議会事務局体制の強化を図っていく必要がある。

また、議会事務局職員の任命権者は議長であるが、執行機関との人事交流により三年程度で異動となるのが通例である。交流人事の長所として、執行機関から異動してきた職員により最新の行政情報等が議会にもたらされる等の長所がある。一方、その半面、やがて執行機関に戻ることから「どちらを向いて仕事をしているのか」と議員の怒りが爆発することもある。今後、二元代表制の趣旨に従い、議会がその役割を果たしていけばいくほど、執行機関との対立は避けられないものであり、職員が議会及び議員をサポートするため全力を出せる環境を人事面において整備する必要がある。

議会の独自採用については、現在の本県議会事務局の正規職員数が三五名であり、余りにも規模が小さいことから、人事の固定化による弊害も考えられる。また、参議院においては、創設の昭和二〇年代から三〇年代にかけて多数の行政庁出身者が事務局幹部を占め、調査室にも相当数の調査員が行政庁から派遣されていたが、その後、参議院独自に採用した職員が増加するに従い、行政庁から派遣された職員が次第に減り、また、行政庁との間で相互に実施した交流も中断していた。しかし、昭和五〇年代に入り、経済問題、エネルギー問題等について議員の要請に対応するため、わずかであるが行政庁の間に交流が再開された。しかし、この間においても、参議院事務局と異なり参議院法制局においては常時定期的に職員を受け入れてきている。こうしたことから、昭和六〇年一一月に参議院改革協議会の報告書において、「より積極的に人事交流を実施し一層の職員の資質の向上を図り、最近における議員の多方面にわたる要請に対応していく方針である」との答申がなされている。独自採用、交流人事のそれぞれのメリット・デメリットについて比較考慮し、任期を定めた職員の採用や東海ブロック単位でのプロパー職員の採用など長期的な視点から制度面を含め検討していく必要がある。

また、長が有するサポート体制に比べると、議会、議員に対するサポート体制は圧倒的な格差がある。本県の知事部局だけでも四〇〇〇人余りの職員が知事をサポートしていることに比べ、議会事務局の正規職員数は議員定数よりはるかに少ない人員である。今後、監視機能、政策立案機能を十分に発揮していくためには、職員の増員、資質の向上が求められている。

### (2)　附属機関の設置

附属機関については、地方自治法一三八条の四第三項に基づき法律、条例の定めるところにより、執行機関の附属機関として審議会、調査会その他諮問又は調査のための機関を置くことができるとされている。

附属機関の制度は、社会経済の発展に伴う行政需要の複雑化、高度化、多様化の傾向に適切に対応し、行政における専門知識の導入、行政における公正の確保を図ることを目的に導入された。その趣旨は、①地方行政に住民の意思を十分反映させること、②複雑化、高度化、専門化し、かつ、広範にわたる行政需要に対して科学的、合理的に対応するため、専門的な知識、技術を導入することにある。

一方、議会の常任委員会、特別委員会においては、広く議会外の意見を聴き、審査又は調査を充実させ、委員会として適正な判断、決定、政策の立案を行い、住民の意思や社会通念から遊離しないようにするため、公聴会を開催し、利害関係者又は学識経験者から意見を聴くことができるとされている。その後、より簡便な手続きで委員会が審査又は調査中の案件について学識経験者や関係者等の意見を聴取するため参考人制度が法制化されている。しかしながら、公聴会・参考人の両制度においては、公述人、参考人とも自己の意見を述べ、委員からの質疑に対して答弁義務があるが、委員に対しては質疑をできない点で共通している。このように、公聴会、参考人制度は議会から一方的に意見を聴くものであり、対等な立場で相互に議論し適正な判断や政策等を深めていくには不適当であるばかりでなく、参考人制度では、学識経験者等が行政課題に対して自由に議論し意見をまとめていくことはできない。今後、議会においても中長期的な視点から自治体の政策の在り方等を総合的に検討し、政策等を提言していくためには、学識経験者等が与えられた課題に対して自由に持論を展開できる諮問機関などの附属機関の設置が必要となってきている。

### (3)　公設秘書

国家公務員法二条では、国会議員の秘書は特別職とされているが、地方公務員法三条では、特別職は、長、議長その他地方公共団体の長の秘書の職で条例で指定するものとされており、議会においては、議長以外は特別職の秘書を置くことができない。しかしながら、本県議会においては、閉会中の委員会の開催、政策条例の検討などが常態化してきている上、二元代表制の趣旨に基づいてその機能を果たしていくべきことを考慮すると、議員の公的活動をサポートする秘書が必要となってきている。しかしながら、都道府県議会議員に秘書を置くことについては、議員会館の整備などを併せて行う必要があり、議員の活動が県民に理解されてはじめて現実的な検討課題となるものである。県民から理解が得られるよう議員一人一人が努力していかなければならない。

## 7　英国の地方自治

当検討会では、世界の議会制民主主義のモデルといわれ、この検討会が発足する契機となったニュー・パブリック・マネジメントの発祥の地である英国の調査を行った。英国をこの調査の対象として選定した理由の一つとして、英国において二〇〇〇年に労働政権の下で「地方自治法（Local Government Act）」が成立し、地方自治体の制度が大きく変わり、従来の「委員会型」から「直接公選首長と議員内閣」制度等の三つの形態のいずれかに移行しなければならないこととなったことが挙げられる。

調査の内容については、「二元代表制における議会の在り方検討会　訪英調査報告書」に詳しく報告しているが、この最終報告ではその概要を紹介する。

### (1)　英国の地方自治の特色

英国では成文憲法によっては地方自治が保障されていない。このため、地方団体は国の法律で定められている事項しかできず、「国の議会で決められなければ、地方自治は存在しない」という言い方もされている。ヨーロッパ諸国がジェネラル・コンピテンス（General Competence）という原理に基づき、議員が県民のため、良いと思った政策は法律違反でない限り行えるが、英国では法律の許可があった場合に政策を行うことができるということになる。

地方自治体が法律で許可された以外の政策をとった場合、政策を決めた議員の越権行為となり、当該議員の収監や公民権の停止が行われる場合もあるということである。英国の地方自治は中央集権的な色彩が強く、国の議会が決めれば、住民投票を行うことなく、地方団体を廃止することができ、日本の地方自治とは大きく異なっている。

イングランドの地方自治制度では、おおむね都市部では一層制、それ以外は二層制となっており、二層制のところは、日本の県に相当するカウンティ（County）と市町村に相当する幾つかのディストリクト（District）に分かれている。この関係は日本の県と市町村の関係に似ているが、カウンティとディストリクトでは同じ仕事をするセクションがなく、明確な役割分担がされている。

### (2) 英国の「地方自治法（Local Government Act）」

英国では従来、行政府は議会の各委員会が執行機関となる議会型統治主義が採用されてきた。しかし、この制度では、会議に多大な時間が費やされるなどの非効率や実質的な決定者が分かりにくいなどの透明性の欠如が問題とされていた。こうした問題に対処し、地方自治体の内部

図4　委員会型

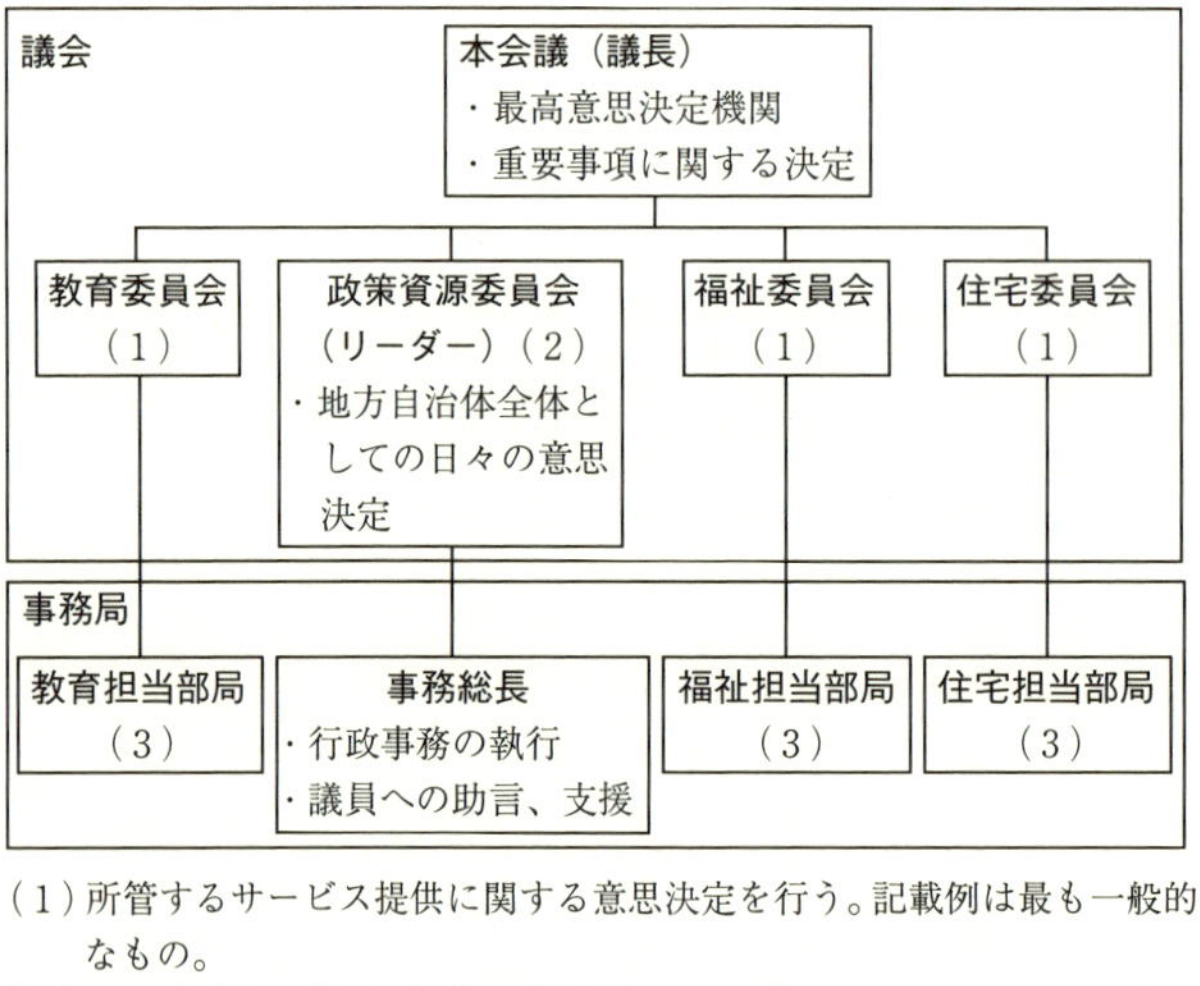


（1）所管するサービス提供に関する意思決定を行う。記載例は最も一般的なもの。
（2）地方自治体運営の中枢管理機能を担い、予算配分や重要政策の決定はここで行われる。リーダーがこの委員会の委員長に就くことが多い。なお名称は地方自治体により異なる。
（3）所管サービス分野に関する行政事務の執行、各サービス委員会への助言、支援を実施。

構造改革を進めることにより地域住民へのより良い行政サービスを提供するため、二〇〇〇年に地方自治法が成立した。国は、地方自治体の新たな執行機関として、次の三つの自治体構造モデルを示し、イングランド、ウェールズの地方自治体（八万五千人未満の自治体を除く）に対し二〇〇二年五月までにいずれかを選択することを義務付けた。

なお、従来の内部構造は①のとおりである。

① 従来の内部構造（委員会型）（図4・（財）自治体国際化協会「Clair Report」より。以下図7まで同じ。）

議会は直接選挙で選出される議員により構成され、最高の意思決定機関であると同時に執行機関である。議長は議員の互選により選出され、対外的に議会を代表するが、政治的権限を有していない。政治的権限は多数党の議員により互選されるリーダーが有しており、リーダーの多くは政策資源委員会の委員長を務

図5　「リーダーと議員内閣」制度

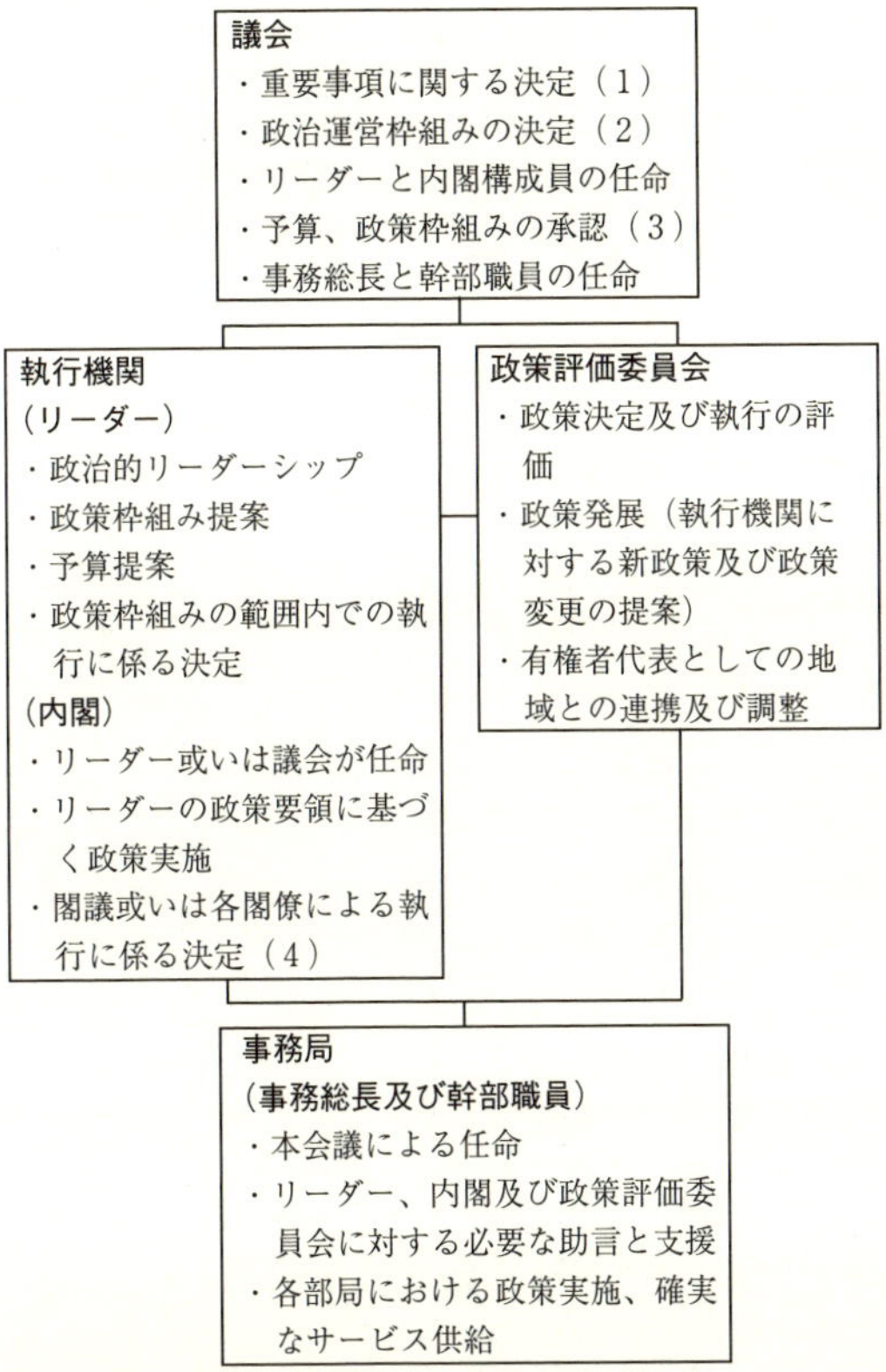
議会
・重要事項に関する決定（1）
・政治運営枠組みの決定（2）
・リーダーと内閣構成員の任命
・予算、政策枠組みの承認（3）
・事務総長と幹部職員の任命
執行機関
（リーダー）
・政治的リーダーシップ
・政策枠組み提案
・予算提案
・政策枠組みの範囲内での執行に係る決定
（内閣）
・リーダー或いは議会が任命
・リーダーの政策要領に基づく政策実施
・閣議或いは各閣僚による執行に係る決定（4）
政策評価委員会
・政策決定及び執行の評価
・政策発展（執行機関に対する新政策及び政策変更の提案）
・有権者代表としての地域との連携及び調整
事務局
（事務総長及び幹部職員）
・本会議による任命
・リーダー、内閣及び政策評価委員会に対する必要な助言と支援
・各部局における政策実施、確実なサービス供給

（1）極めて重要な事項
（2）地方自治体運営にかかる構造／組織改革等
（3）指針 1.28
（4）リーダーから権限委譲が可能

める。

②　新しい内部構造

ア　「リーダーと議員内閣」制度（図5）

従来の委員会制度の政策資源委員会や各サービス委員会の機能を内閣に集中したものであり、内閣が日々の政策に反映する意思決定、執行機能を担う。これまで議会全体で行ってきた政策決定とその評価に係る責任の所在については、政策決定に責任を持つエグゼクティブ（内閣構成議員）と政策を評価するバックベンチャー（一般議員）に区分された。

リーダーは、本会議において指名され、それ以外の内閣構成員はリーダーあるいは議会から任命されるが、人数はリーダーを含め一〇名以内とされている。

図6　「直接公選首長と議員内閣」制度

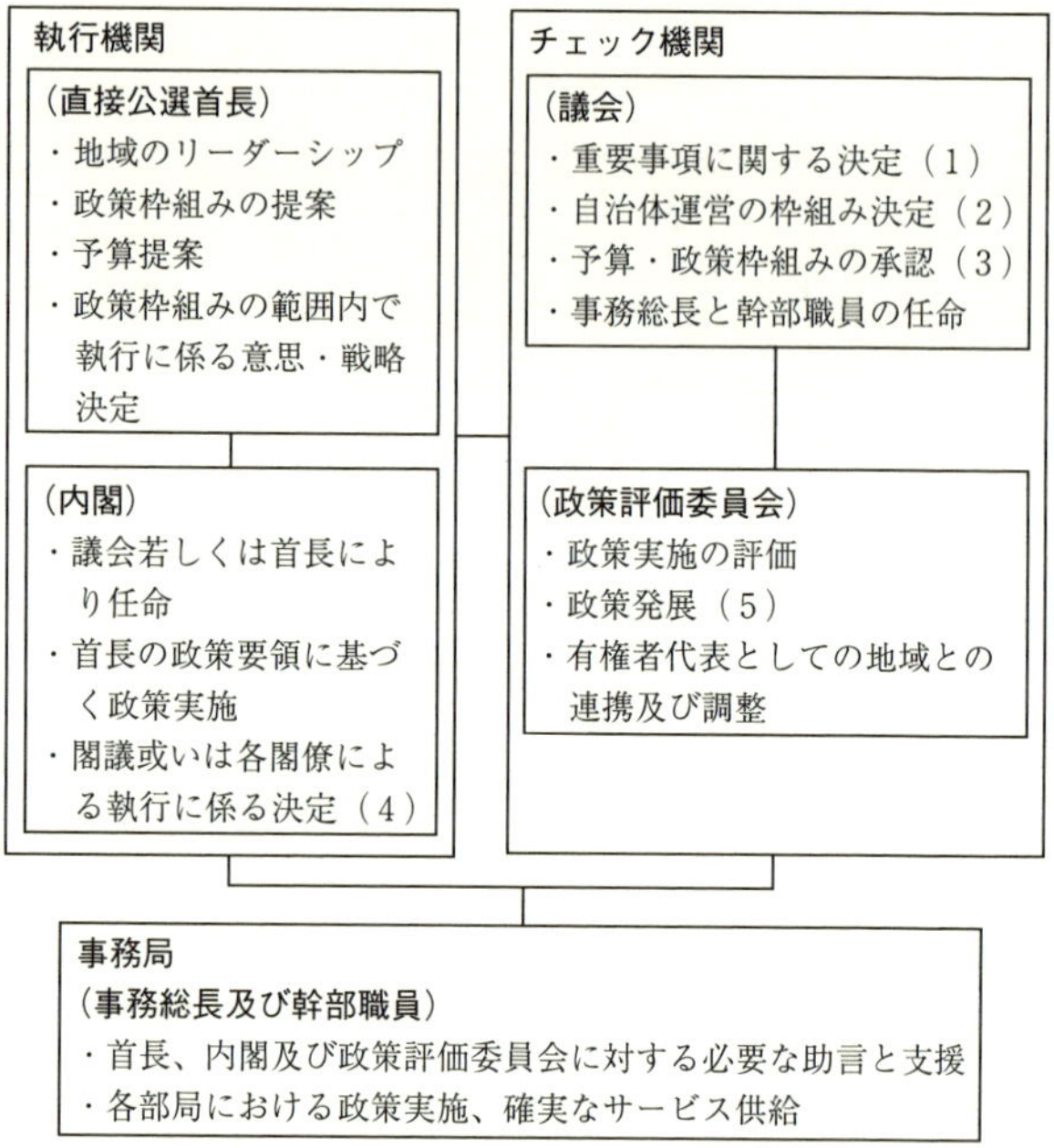
執行機関
（直接公選首長）
・地域のリーダーシップ
・政策枠組みの提案
・予算提案
・政策枠組みの範囲内で執行に係る意思・戦略決定
（内閣）
・議会若しくは首長により任命
・首長の政策要領に基づく政策実施
・閣議或いは各閣僚による執行に係る決定（4）
チェック機関
（議会）
・重要事項に関する決定（1）
・自治体運営の枠組み決定（2）
・予算・政策枠組みの承認（3）
・事務総長と幹部職員の任命
（政策評価委員会）
・政策実施の評価
・政策発展（5）
・有権者代表としての地域との連携及び調整
事務局
（事務総長及び幹部職員）
・首長、内閣及び政策評価委員会に対する必要な助言と支援
・各部局における政策実施、確実なサービス供給

（1）極めて重要な事項
（2）地方自治体運営にかかる構造／組織改革等
（3）指針 1.28
（4）首長から権限委譲が可能
（5）首長／内閣に対する新たな政策、政策変更の提案等

イ　「直接公選首長と議員内閣」制度（図6）

「リーダーと議員内閣」制度との大きな違いは、内閣を率いる者が直接公選首長である点である。直接公選首長は

従来の地方自治体で三者によって担われてきた役割、すなわち、議長の対外的な代表の役割、事務総長の事務管理の役割、意思決定の際重要な役割を果たしてきたリーダーの役割を併せて持っている。強力なリーダーシップの下に自らの政策に基づき地方自治体全般にわたる施策を推進することが期待された。

ウ　「直接公選首長とカウンシル・マネージャー」制度（図7）

図7　「直接公選首長及びカウンシル・マネージャー」制度

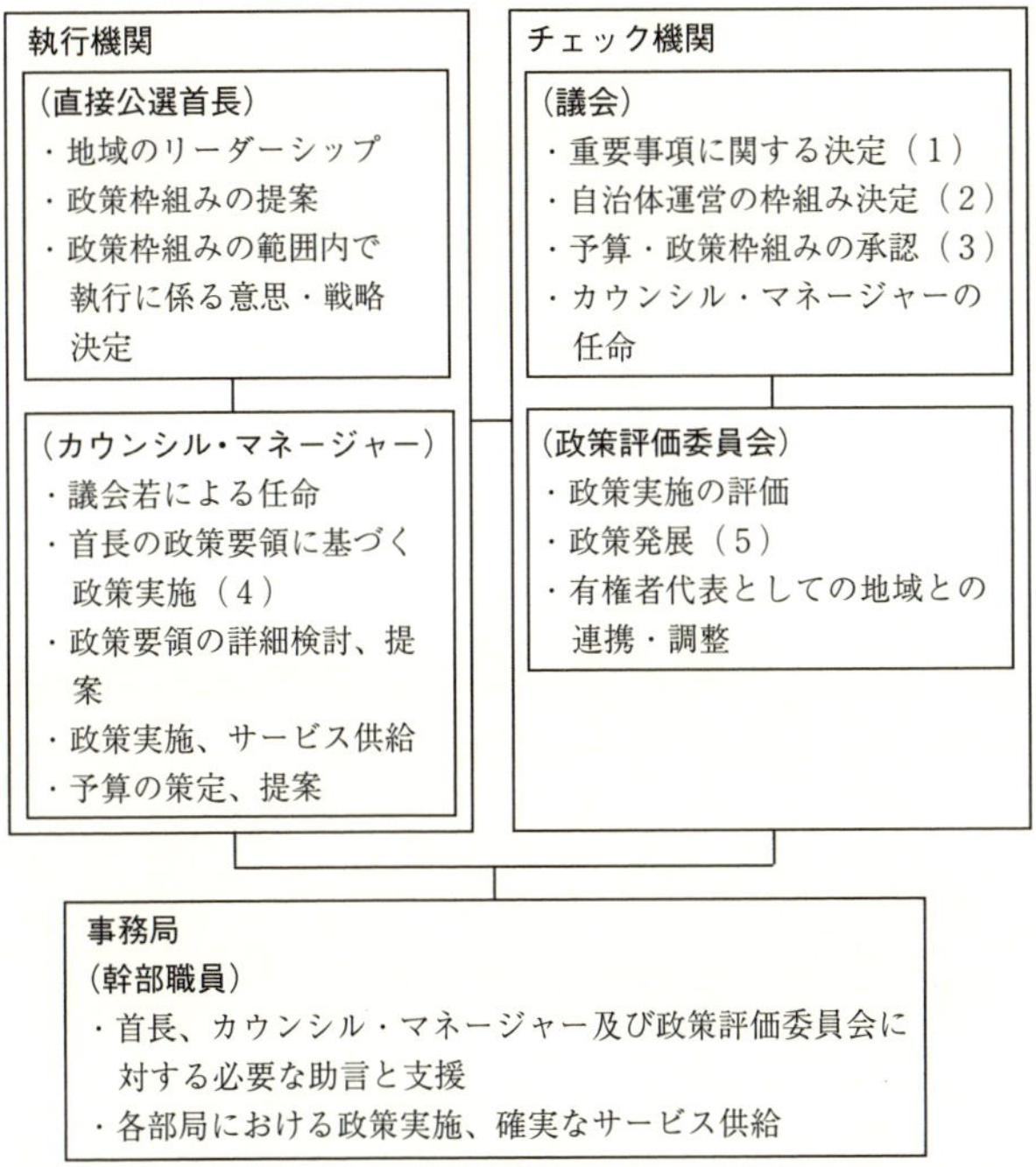
執行機関
（直接公選首長）
・地域のリーダーシップ
・政策枠組みの提案
・政策枠組みの範囲内で執行に係る意思・戦略決定
（カウンシル・マネージャー）
・議会若による任命
・首長の政策要領に基づく政策実施（4）
・政策要領の詳細検討、提案
・政策実施、サービス供給
・予算の策定、提案
チェック機関
（議会）
・重要事項に関する決定（1）
・自治体運営の枠組み決定（2）
・予算・政策枠組みの承認（3）
・カウンシル・マネージャーの任命
（政策評価委員会）
・政策実施の評価
・政策発展（5）
・有権者代表としての地域との連携・調整
事務局
（幹部職員）
・首長、カウンシル・マネージャー及び政策評価委員会に対する必要な助言と支援
・各部局における政策実施、確実なサービス供給

（1）極めて重要な事項
（2）地方自治体運営にかかる構造／組織改革等
（3）指針 1.28
（4）首長は本会議で承認された政策枠組み及び自らの政策要領に沿った広範な政治的指針を与え、それに基づきカウンシル・マネージャーが日々の政策決定を実施
（5）首長に対する新たな政策、政策変更の提案

この制度の特徴は、内閣の代わりにカウンシル・マネージャーが設置されることにある。カウンシル・マネージャーは地方自治体の職員で、議会によって任命され、本会議の場において罷免することが可能とされている。直接公選首長が政策枠組みに関する提言を行い、それに対する決定を議会が行う。首長はカウンシル・マネー

ジャーに広い政治指針を与え、カウンシル・マネージャーが実施するという明確な役割分担がされている。

この新しい内部構造について、二〇〇〇年一二月時点では「直接公選首長と議員内閣」制度を採用した地方自治体が一二団体、「直接公選首長とカウンシル・マネージャー」制度を採用した地方自治体が一団体で、三一七地方の地方自治体が「リーダーと議員内閣」制度を採用している。

### (3) グロスターシャー・カウンティ（県）

グロスターシャー・カウンティでは、二〇〇二年の住民投票の結果、「リーダーと議員内閣」制度が採用されている。その理由は、公選首長制を採用すると首長の権限があまりにも強くなるため、住民が拒否した結果であるということであった。

議員数六三人のうち、労働党一九人、自由民主党一六人、保守党二七人で保守党が第一党であるが、労働党と自由民主党が連立して議員内閣を構成している。議会全員が議員内閣の構成員を選び、その中でリーダーと副リーダーを選んでいる。リーダーは労働党、副リーダーは自由民主党である。リーダーはリーダーの役割に加え、経済開発、広域問題等を担当している。

グロスターシャー・カウンティでは、従来の委員会制度においては、様々な委員会があり、委員会において政策が決定されていたが、現在は、本会議において政策の枠組みを決めている。政策決定の枠組みについて本会議で政治的な議論がなされ、本会議の六三人が決定する。内閣のメンバーは、決まった政策の枠組みの中で、細かい決定を行う。連立の議員内閣であるので一〇人全員の賛成がなければ決定されない。政策立案の流れは図8のとおりである。

図８

10名のキャビネット内閣
全会一致・詳細決定
政策立案
↓
本会議・提案
↓
委員会審査
↓
本会議・議決

カウンティの議会においては中央の政党の意向が強く影響し、政治的な対立はかなり強く、ディストリクトにおいても同様であるとのことである。この要因として、英国の選挙において個人より政党が重視されることが考えられる。

グロスターシャー・カウンティには六つのディストリクトがあり、ゴミ収集、道路の管理、公営住宅などを担当している。カウンティは教育、社会福祉、土地利用計画、経済開発などを担当し、役割分担が明確になされている。例えば、ディストリクトはゴミ収集を担当しているが、ゴミ処理はカウンティが責任を持つというように、二重行政による無駄を回避している。

### (4)　ストラウド・ディストリクト

二〇〇〇年に「リーダーと議員内閣」制度が採用されており、議員内閣はリーダーと七人の議員により構成されている。職務の分担と責任の所在が明確にされている。事務総長は部下と相談しながら議員内閣に政策の提案を行うが、決定に関しては議員内閣にある。一方、決定された政策の実施、サービスの提供については事務総長が最終責任をとるということである。

委員会は四つあり、それぞれの委員会が年に七回開催され、一回の会議時間は二時間以内に終了させるようにしている。その一つの政策評価委員会では、サービスが機能しているかを審議し確認している。また、本会議で決定された施策であっても問題があれば中止を求めることができる。

### (5) パリッシュ

パリッシュとは、教会単位の集落組織の村であり、一八九四年から議会が設置されている。訪れたフィルキンス・アンド・ブロートン・ポグ　パリッシュは、人口四五〇人、議員数は六名で構成され、議員はすべてボランティアで活動し、その議会活動は五～六週間に一回程度で、午後七時三〇分から議会を開催している。主に墓地、街灯、バス停の管理のほか、建築確認申請にはパリッシュ議会のアドバイスが必須となっており、パリッシュ議会は町づくりなどの住宅開発許可を行っている。

特に、建築確認に対する住民の関心は高く、三年前に九件の新築に際し公聴会を開催したところ、村の人口の約半数の二〇〇人の参加があったということである。この時は、県や市からトップダウンで計画が出されたことから、住民に理解できない面があり、不安と不信を生んだ特殊事情があったが、このような場合、パリッシュの議員は県や市の代わりに住民に説明する役割を負っている。パリッシュは、地域のアイデンティティや地域性を守る重要な役割を担っている。

また、パリッシュの議員は、一般の人々の意見を中央政府、県、市町村に伝える重要な役割を持っている。パリッシュの議員は無報酬かつ無政党であるからこそ、一般の人々の意見を伝える役割を担えると考えている。話をお聞きした議員は政党に属しているが、パリッシュ議会は政党政治ではないので、個人が政党に属していることとは全く別の話であると語っていた。

### (6) 調査のまとめ

英国の地方自治は中央集権的な色彩が強く、加えて、国の政党政治の枠組みが地方自治体に大きな影響を与えていること、また、英国の地方自治体は国の法律で定められたことしか権限がなく、地方自治の保障が成文憲法の形で明記されていないことなど日本の地方自治とは大きく異なっている。

また、英国には我が国と同じような二元代表制による議会と長の関係は例外的にしか存在せず、むしろ議院内閣制に近い政治形態が主流となっている。しかし、制度、歴史的な違いがあるものの、議員個々の行政へのかかわり方はむしろ委員会制の中で、地方自治体議員が直接、行政の中枢として働いてきた実態から見て、英国の方がより強いといっても間違いはないと考える。それだけに、権力に対する警戒心、言い換えると権力の集中をできる限り抑制していこうという姿勢が明確になっている。

二〇〇〇年の「地方自治法」の制定により、地方自治体が三つの地方自治体構造モデルの選択を行うこととなったが、ほとんどの地方自治体においては「リーダーと議員内閣」制度を採用した。この地方自治制度改革はこれまでの委員会制度では決定に多大な時間を費やされることの改善や、責任の所在が不明確である地方自治体の内部構造を改革することを目的に制定されている。効率性や責任の所在をはっきりさせることにおいては、公選首長制が最も適していると考えられる。しかし、ほとんどの地方自治体においては、公選首長制度による大統領的首長は行政の効率や責任の所在の明確化から考えるとプラス面が多いが、多少そのようなことを犠牲にしても、権力の集中による弊害が大きいと判断し、「リーダーと議員内閣」制度を採用したものである。

このことは我が国の地方自治にも当てはまることであり、二元代表制の下で、一方に権力が過度に偏ることは、民意の的確な行政への反映、権力行使への監視、適切な評価の観点から考えても、決して住民の利益につながらないということである。

また、英国の地方議会（行政）の担うべき分野が県議会、市町村議会、パリッシュなどのコミュニティ議会とそれぞれ明確に分かれており、効率性、責任の所在の明確さからも我が国でも真剣に考えなければならない問題である。地方自治法の改正、国の縦割り行政の是正など克服すべき課題は多いが、実現に向けて検討すべきであると考える。

英国では、政党の党議拘束が強く、中央の決定であれば地方自治体議員であっても中央政党の決定に地方の政党は従わなければならない。このため、国における政党間の政治的対立が地方においても存在する状況となっている。しかし、住民に最も身近なコミュニティ議会であるパリッシュは政党政治ではなく、また、無政党だからこそ人々の意見を伝える役割を担えるという話をパリッシュの議員からお聞きした。この英国の事例は、二元代表制の下での住民と議会、議会と政党との関係を考えるとき参考になるものと考える。

我が国では地方自治が憲法で保障されているのに比べ、英国ではその時々の内閣によって地方自治の在り方が変わってくる。このことは我が国の地方自治の優位な点である。しかし、その一方において、本来、それぞれの自治体が決定すべき行政の在り方や議会の権能まで国によって規制される弊害を生み、国も地方も地方政治改革に情熱を持たず、現状に甘えてしまう傾向に陥りがちである。英国では地方自治への国の関与は大きいとはいえ、ＢＶＰＰ（ベストバリュー・パフォーマンスプラン）やＰＦＩ、ＰＰＰにみられる行政手法の改革、ビーコン賞などの一種のベンチマーキング方式による地方自治体の評価や中央政府の監査委員会の外部評価など地方行政の質の向上に大きな努力を払っている点は高く評価すべきと考える。

## 8　結び

地方分権一括法により、地方自治法に国と自治体の役割が規定され、国と自治体は、法制度の上では中央政府と地方政府という政府間の関係になったと考えられる。自治体は、財政的な面ではまだまだ自立、独立した存在となっていないが、今後、三位一体の改革の推進等によって地方への税源移譲が進み、財政的な面でも国への依存は少なくなってくるものと考えられる。ガバメントからガバナンスへとよく言われるが、今後、自治体は、自らの責任と権限において地域を経営していくガバナンスが求められていると言える。これまでの自治体においては、国から示された方針に基づき、国庫補助金と通達によって縛られた行政を行ってきた。このため、住民の行政サービスと負担に関する意識は低く、国からお金をもらえるのであれば多少無駄なものがあっても住民から追及されることは少なかった。また、国からの通達によって行政が運営されており、通達に沿っている限り、住民の非難の矛先は自治体を通り越し国に向かうものであった。

しかし、地方への税源移譲が進み、自治体が分権自治を勝ち取ったとき、住民の意識は現在とは全く異なったものとなることは容易に予想することができるものである。自治体は、自らの責任と自らの財源により行政サービスを行うこととなり、財源が足りないからといって国に助成を求めることはできない。行政サービスを取りやめるのか、住民に新たに税負担を求めるか選択を自治体自らがなさなければならず、税の使い方について住民の厳しい目にさらされることになる。また、産業振興施策によっては地域の経済力に大きな較差が生じることや、少ない税負担で大きなサービスを受けられる自治体を住民が選択し居住することも考えられる。

こうした厳しい住民の目は、包括的な執行権を持つ長ばかりでなく、長を監視する議会に対しても向けられるものと考えられる。

長は住民参加による行政を今後一層進めていくことが考えられ、議会は住民の多様な意見を反映した政策提言や監視機能を果たしていかなければ、住民からの厳しい批判を受けることになるものと考える。

### (1)　議会と長との新しい関係の再構築

地方分権一括法により、自治体は、制度上、地方政府として自立、独立した存在となった。この自治体の中で、長は行政の執行権を持つばかりでなく、議案の提出権、予算の調整・執行権をも有し、自治体において広範で強大な権限を有している。一方、議会がこれまで関与できなかった機関委任事務が廃止され、議会は原則的に自治体の事務全てに関与できることとなった。こうしたことから議会と長の関係も変化しつつあり、また、一方に権力が過度に偏ることは、民意の的確な行政への反映、権力行使への監視、適切な評価の観点から考えても、決して住民の利益につながらないと考える。過度の権力の集中による弊害を避けるためにも、これから本格的に迎える分権時代にふさわしい住民自治の在り方から、議会と長の関係がどうあるべきかを検討し再構築していかなければならない。

本県議会では、これまで、議会が議決などにより関与することを通じて県行政の透明性を高めるため、また、一定の政策目的を達成するため、議員の発案により条例を制定してきており、平成一五年度までに九件の条例が成立している。条例の制定などを通じたこれまでの当議会の取組を踏まえ、学識経験者などを交え検討を行い、本県における議会の役割、責務を住民に明らかにしていくため、議会の最高法規たる議会基本条例の制定について検討していく必要がある。

## (2) 議会の責任

本県では、三重ごみ固形燃料発電所いわゆるＲＤＦ発電所の貯蔵層の爆発事故が平成一五年八月に起こった。この発電所の建設、管理運営等を民間企業に委託しており、この委託契約を地方自治法九六条一項五号により議会が議決していたことから、議会にも議決責任があるのではないかという問題提起が議員からなされた。

契約の締結については、本来的には予算の執行行為であってその性質からすれば長の権限に属するべき事項であるが、重要な契約の締結についてはその適正を確保するため議会の判断に係らしめることとされている。この事故については、管理運営上の瑕疵、過失等による事故であると考えられ、議決事件とされている事由から考えると議会に法的な責任はないと考える。

本県議会においては二元代表制に基づく議会本来の役割を果たしていくため、これまでの長提出の議案を粛々と承認していくことから、議会が積極的にその意思を自治体の政策形成等に反映させるよう、長の提出の議案の修正に止まらず、議員提出条例により政策等の実施を求める政策条例の制定などを行ってきている。今後、こうした政策条例の制定や議案の修正などによって議会が自治体の政策形成や施策の実施などについて関与していくことが今後増えてくるものと考える。このような議員提出による政策条例、議案の修正などについても、執行上の責任はすべて長にあり、議会がその法的責任を問われることは考えがたい。

しかしながら、その権能に違いがあるものの、議会は長とともに住民から選ばれ、住民を代表する機関として条例等による政策提言や、長に対する監視機能などの権能を発揮しており、その権能の行使に当たっては住民に大きな責務を負っていることは言うまでもない。今回の委託契約に係る議決事件に関しては、議会の法的な責任はないものの、今後、条例の制定責任、政治的、道義的な責任を含め更に深く議会として考えていかなければならない課題であり、住民から信頼される議会となるためには避けて通ることのできない課題であるものと考える。

当検討会では、あるべき二元代表制の姿から議会と長それぞれの権限、議会と長の関係について検討してきた。地方分権一括法により制度上は地方政府となったというものの余りにも多くの事項について細かく地方自治法で規定されることに驚きを覚える。例えば、「議員は、一箇の常任委員になるものする（地方自治法一〇九条二項）」、「議案を提出するに当たっては議員の定数の一二分の一以上の賛成がなければならない（地方自治法一一二条二項）」など自治体内部の手続的な規定まで法で定められている。地方自治法では自治体として対外的な効力を及ぼすもの、住民の権利、義務に関することなどを定め、自治体内部の権限配分、運営等に関する事項は当該自治体自らがその地域の実情、運営形態等に最も適したように定めるべきものと考える。

本来であれば全ての項目について検討すべきであるが、今回の最終報告では二元代表制に基づき議会がその権能を発揮し、住民の負託にこたえていくため、地方自治法の規定が妨げとなっている事項について必要最低限の法改正を提言していくとともに、現行法の枠内で対応が可能なものについて議会として積極的に取り組んでいくよう提言としてとりまとめた。

今後、他府県と力をあわせ要望を行い、一刻も早く法改正が実現するとともに、提言が当議会において実行され、三重県議会が議会改革の先導的な役割を果たしていくことを希求するものである。

## 9　提言

### (1)　議会基本条例の制定

提言１　議会基本条例の制定について検討を行うものとする

（趣旨）

地方分権一括法の施行により自治体の権限は大きく拡大するとともに、自治体は国と対等の関係となり、自治体内部での議会の在り方も変化している。現に、本県議会においても近年の議会改革に伴い議会と執行機関との関係が以前と比べ大きく変化してきている。

本県における議会の役割、責務などを住民に明らかにしていくため、二元代表制を基本とし、議会と長との関係、議会と県民との関係等について規定する、いわば、議会に関する最高法規の性質を有する「議会基本条例」の制定について有識者などを交じえて検討を行うものとする。

（検討項目）

議会基本条例の制定に当たっては、下記の項目について検討を行うものとする。

①　地方自治法上、条例で定める必要があるとされる事項

ア　都道府県議会の議員の定数（地方自治法九〇条）

イ　議決事件の追加（同法九六条二項）

ウ　政務調査費（同法一〇〇条一三項及び一四項）

エ　定例会の回数（同法一〇二条二項）

オ　常任委員会の設置（同法一〇九条一項）

カ　議会運営委員会の設置（同法一〇九条の二）

キ　特別委員会の設置（同法一一〇条）

②　現行の会議規則等との関係

ア　会議規則を設けることを義務付け（地方自治法

一二〇条）

イ　傍聴規則（同法一三〇条）

③　**その他の規定事項**

ア　三重県議会の基本理念と基本方向

・分権時代を先導する議会を目指して

・三重県議会の五つの基本方向

イ　議会・議員の権限

・検閲、検査等（地方自治法九八条）

・調査権の行使等（同法一〇〇条）

・議員の権限・権能（資料請求権、政策提言等）

・議案の提出（議案の修正等）

ウ　行政評価

エ　その他

・資産公開

・議会事務局の設置

・議長選挙

・会議録

・政策提言に関する取扱い

・申合わせ、先例等の取扱い

（**検討方法**）

議会基本条例は、議会に関する最高法規たる性質を有することから、有識者、住民等の意見を幅広く参考にするものとし、次のいずれかの方法において検討を行うものとする。

①　**議長の私的諮問機関**

議員、有識者、県民等を構成員とする議長の諮問機関を設置し、検討結果を報告書にまとめた上で議長に提出するものとする。報告書の提出を受けた議長は、その取扱いについて代表者会議に諮るものとする。

②　**特別委員会**

構成員を議員のみに限定した上で公聴会、参考人、パブリックコメント等の方法で有識者、県民等の意見を取り入れるものとする。

（**行政評価に関する条例**）

本県においては、行政評価制度を導入してはいるものの、同制度に関する条例は未だ制定されていない。

本県における現在の行政評価制度は、執行機関が自ら自己評価を行うものであるが、二元代表制の趣旨からすれば、執行機関に対する監視機能の役割を有する議会が行政評価制度に何らかの形で関与を行うべきである。

行政評価制度は、年々改良が加えられ、言わば、試行錯誤の繰り返しが伴うものであることから、行政評価制度の手続面を中心とした条例ではなく、議会基本条例の中において、議会と執行機関との在り方、議会の監視機能の観点から行政評価制度に関する事項を規定するべく検討を行うものとする。

### (2)　議長の議会招集権

> 提言２　議会の招集権を議長にも付与するよう地方自治法の改正について要望していくものとする

（趣旨）

地方自治法一〇一条一項で議会の招集は長の専属的な権限とされている。しかし、国の制度と異なる二元代表制を採る自治体においては、議会と長との相互けん制・抑制と均衡によって適切に行政運営が行われることが求められていることから、長のみならず議長にも招集権を認めるべきである。また、議会の意思決定は議決によらなければならず、議会がその意思決定を行う必要がある場合には、自らの議会の開催を自らが招集することは当然のことである。議長の議会招集権は、二元代表制の一方の機関である議会の自立性を高め議会の活性化を図っていく上でも必要であり、議会の招集権を議長にも付与するよう地方自治法の改正について国に要望していくものとする。

### (3)　議決事件の追加

> 提言３　地方自治法第九六条第二項の活用（議決事件の追加）に努めるものとする

（趣旨）

本県議会は、平成一三年三月に「三重県行政に係る基本的な計画について議会が議決すべきことを定める条例」を議員提案で制定し、全国の都道府県でも初めて基本的な計画を議決事件としたところである。この件については、制定当時、いろいろな意見があり、議論がなされたところである。

従来、地方自治法九六条二項の解釈については、議会の権限が同法九六条一項の事項に限定され、同条二項によって議決権を拡張する余地はほとんどないと総務省を中心として解釈されてきた。しかし、現在では同様の条例は、都道府県の中では八県において制定されている。

（平成一六年九月末現在）

地方自治法九六条二項の議決事件を追加するに当たり参考となる理論として、行政法上の「法律の留保論」に関する学説において近年有力となりつつある「本質性理論（重要事項留保説）」が挙げられる。（注1）

本県議会が定めた「三重県行政に係る基本的な計画について議会が議決すべきことを定める条例」は、まさに同理論を実践した条例とも言えるもの（注2）で、本県議会においても、同理論の掲げる本質性に関する判断基準に準拠し、議決事件となり得る事項について判断していくとともに、その追加に努めるものとする。

（注1）

「本質性理論（重要事項留保説）」の日本における提唱者である大橋洋一・九州大学教授は、同理論について著書（「行政法」有斐閣三四ページ以下）の中で以下のとおり説明している。

「かつて侵害留保説を形成したドイツ法が一九七〇年代以降確立した判例理論に、本質性理論と呼ばれる考え方がある。これは、本質的な決定は議会自らが下すべきであり、行政に委ねてはならないというものである。（中略）法定化の要否は以下で説明する二つの基準により判断される。

(a)　侵害留保原則の機能的拡張

これは、市民の権利利益の保護を目的として議会がコントロールを及ぼすという法治主義の観点に立って、基本的人権保障のために法律の根拠を要請するものである（中略）

(b)　基幹的組織・制度、基本的計画の法定化要請

これは、基本的行政施策に対して議会コントロールを及ぼすという民主主義の観点から、わが国行政システムにおける基本的決定に法律の根拠を要請するものである。例えば、原子力発電所の立地計画などは、エネルギー政策、土地利用政

策、雇用政策上、将来のあり方を規定するだけに、議会の関与が要求される（中略）

上述のように、本質性理論は、侵害留保説を核として議会関与の範囲を拡大したものである。法定事項の決定は、上記の指針を参照して、個別の衡量の下に行うことが要求されている。（中略）したがって、本質性理論では、このような機能を備えた法律制定手続きで審議・決定するのにふさわしい事項は何なのか、という視点から留保事項を検討していくことが要請される。」

（注2）

また、同教授は、「テイクオフ行政法」（法学教室二七五号一五ページ）の中で次のように述べている。

「…これまでは規制的・侵害的内容をもつ行政活動に対して法律・条例上の根拠を要請するという視点が中心的であった（侵害留保論）。今後は、こうした理解に加えて、基本組織編成の決定と基本計画決定の両者に法律・条例上の根拠を要請していくことが肝要である（本質性理論）。近時、北海道行政基本条例一一条二項が「行政運営に関する基本的な制度及び政策の推進に関する基本的な事項」を条例事項と宣言し、三重県の条例が「県行政の基本的な施策に係る計画」を条例事項と規定したことなども、決して偶然ではない（三重県行政に係る基本的な計画について議会が議決すべきことを定める条例二条二号）。」

### (4)　議事運営等の改善等（本会議、委員会、審議、調査等の在り方）

提言4　議事運営等の改善等（本会議、委員会、審議、調査等の在り方）

4－1　三重県版クエスチョンタイムの導入を行うものとする

4－2　書面質問制の導入を行うものとする

4－3　議事運営等の弾力的な運用を図るものとする

4－4　議員が複数の常任委員会に所属することを可能とするとともに、議長は常任委員会に所属しないものとするよう地方自治法の改正について要望していくものとする

4－5　住民とのクエスチョンタイムの導入を行うものとする

4－6　タウンミーティングを積極的に行うものとする

4－7　特定政策課題のためのプロジェクトチーム（仮称）の設立に努めるものとする

4－8　県内調査方法の見直しを行うものとする

4－9　公聴会、参考人の活用を図るものとする

（趣旨）

住民代表機関として多様な住民の意見を統合する議会としては、住民の具体的な意見等が議会に反映される仕組みを創設するとともに、本会議や委員会等オープンな場での審議等を通じて多様な住民の意見を統合していくために、公聴会や参考人の活用など、さらには委員会での県内調査方法の見直しやタウンミーティングの導入などを進めていくものとする。

（提言4－1　三重県版クエスチョンタイムの導入を行うものとする）

第一四五回国会において国会審議の活性化及び政治主導の政策決定システムに関する法律が成立し、以降、国家基本政策委員会の合同審査会において与党党首である首相と野党党首とが党首討論を行ってきた（いわゆる日本版クエスチョンタイム）。

本県議会においても、二元代表制下の議会審議の活性化に資するため、現行の代表質問とは異なる、以下のような三重県版クエスチョンタイムを導入する必要がある。なお、同制度を導入するに当たっては、議会事務局の充実を図るなど議会のサポート体制の強化を図る必要がある。

三重県版クエスチョンタイムは、本会議の場において会派代表者が知事に対して県政の基本政策に係る質問を行うことを想定している。この場合においては、知事に質問権を付与することを想定している。

（提言4－2　書面質問制の導入を行うものとする）

質問は、議員が当該自治体の行政事務全般について行うものであり、議員固有の権限である。

しかし、現状においては、質問は口頭により行われる

ことが原則とされているために、会議が開かれる日でなければ質問を行うことができず、それ故に議員の質問回数には自ずと制約が付されてくる。

さらに、委員会においては、議題となった案件及び自らが所属する委員会の所管事項以外については、行政事務一般に関する執行機関への質疑・質問は制限されてしまい、結果として議員固有の権限たる行政事務全般に関する執行機関への質問は制限されてしまう。

このような問題を解決する方策として、書面質問制を導入する必要がある。言論の府である議会において書面質問制を導入することは控えた方が良いとの考え方もあるが、書面質問は口頭質問とは異なり、会期中であれば会議の開催日にかかわらずに質問を行うことができるため、時間的制約による質問の制限を解消することができる。また、従来執行機関から口頭にて説明を受けてきた事項についても、書面質問制の導入に伴い文書による回答を受けることとなり、従来受けてきた説明よりもオープンな記録として回答が残るため、公式の回答として扱うことが可能となる。

従って、書面質問制については、議長の承認を経て書面質問が行えるべく会議規則を整備するものとする。なお、書面質問の乱発による執行機関の事務量の増大も懸念されることから、書面質問の量及び内容の適正を担保するために質問主意書の提出に関する議運の申し合わせ事項についても検討を行うものとする。

**（提言4－3　議事運営等の弾力的な運用を図るものとする）**

数多くある議案の慎重な審議を行うとともに、公聴会の開催や参考人招致などを行うことにより幅広く関係者等の意見を聴くことが今後の議会活動の上で重要である。

議案等を直ちに委員会に付託することや、本会議と常任委員会の定例日を設けることにより委員会→本会議→委員会→本会議というサイクルを作り、数多くある案件を一括ではなく分割して審議することができるように、現行の定例会回数や会期日数についても検討を加え、議事運営等の弾力的かつ効率的な運用を図るものとする。

**（提言4－4　議員が複数の常任委員会に所属することを可能とするとともに、議長は常任委員会に所属しないものとするよう地方自治法の改正について要望していくものとする）**

現行の地方自治法一〇九条では、議員は一箇の常任委員となるものと規定されており、「一箇の常任委員となる」とは、必ず一箇の常任委員となるということと、二箇以上の委員を兼ねることができないということの二つの意味を持つとされている。

しかし、議員の常任委員への就任など議会内部の在り方は、それぞれの議会がその状況に応じて自主的に定めるべきものである。

また、議長についても、議員の中に当然含まれるものとされ、議長も必ず一箇の常任委員となるものと解されている。

しかし、議会を代表する議長が議会の内部審査機関である常任委員会に所属しなければならない積極的な理由は見い出せない。一度委員に就任した上で議会の同意を得て辞任することができるという行政実例があるものの、法的な位置付けを明確にするべきである。

従って、議員が複数の常任委員会に所属することを可能とするとともに、議長は常任委員会に所属しないものとするよう地方自治法の改正について要望していくものとする。

**（提言4－5　住民とのクエスチョンタイムの導入を行うものとする）**

条例案等の案件に関して意見のある住民等を広報媒体によって募集し、応募してきた住民と議員との間で意見交換を行う過程を通して住民の意見が政策に反映されるような制度を検討していくものとする。

**（提言4－6　タウンミーティングを積極的に行うものとする）**

タウンミーティングとは、本来はアメリカにおいて行われていたものであり、町の問題について住民が集まり投票などを行う直接民主制の政治決定形態である。この最終報告におけるタウンミーティングとは、このような直接民主制のタウンミーティングではなく、本来のタウンミーティングの趣旨をできる限り尊重し、議員が地域に直接赴いて直接住民の意見を聴くという形態を想定している。

タウンミーティングについては、現行の地方自治法上も特に規定のないことから、その実施を阻むものはなく、幅広く県民の意見を聴くためにも、積極的に行っていくべきである。開催方法としては、①県民局単位で開催し、②正副議長、常任委員長等が出席し、③テーマについては各地域にふさわしいテーマを選定するものとする。

**〔提言4－7　特定政策課題のためのプロジェクトチーム（仮称）の設立に努めるものとする〕**

本県議会では、平成一五年一二月に、東紀州地域の活性化を調査するため、知事（執行機関）と協働で超党派の議員一五名と執行機関一〇名からなる「東紀州地域経営創造会議」を設立した。

そして、現地調査や講演会、さらには先進他県を協働で調査したところであるが、平成一六年一一月には、今後協働で調査を進めていくためには議会から知事への提言が必要であるとして、東紀州地域経営創造会議の議員が知事に対して提言を行った。

このように、県民のニーズにこたえることや三重県が解決していかなければならない問題について議会が迅速に解決していかなければならないものもあり、このような課題の審議について議会は従来以上に機動性を求められつつある。

議会が機動的に議論を進めていくためには、議会においてプロジェクトチームを設置し、期限を設けて重点的に議論をしていくことなど、従来の定型的な委員会の形にとらわれない議論の場を設けることが必要である。

なお、本県議会では、予算と決算の一体審議の充実強化を図るため、全議員参加型の委員会として平成一六年度から予算決算特別委員会を設置している。詳細については下記（注）を参照。

（注）
・予算案の審査についても、従来の常任委員会の分割付託から当委員会への一括付託とした。議案付託は、決算認定議案に加え、全ての予算案、予算関連議案とした。
・定数は、従来一三名であったのを、議長及び監査委員である議員を除く全ての議員とし、全員参加型に変更した。
・審議の方法は、詳細審議を行うため、当委員会に六つの分科会を置き、付託議案の審査は、委員会で総括質疑→分科会での部局別審査→委員会での分科会報告→締めくくり総括質疑、討論、採決を基本とした。
・当委員会の開催場所は、全員協議会室とし、本会議と同様に、その配置を対面演壇方式とした。

**（提言4－8　県内調査方法の見直しを行うものとする）**

委員会の県内調査については、委員長の判断により関係者など県民との意見交換を行っているが、今後は県民の意見を議会審議に反映させるため、委員長会議において県民との意見交換を行う場をできる限り設けるよう申し合わせを行うものとする。

**（提言4－9　公聴会、参考人の活用を図るものとする）**

地方自治法一〇九条四項では公聴会を開くこと、同条五項では参考人の出頭を求めることが認められている。

公聴会は、重要案件に関し、利害関係を有する者や住民などから直接に意見を聴くために開催されるものであるが、議長の承認及び公報登載による公示手続を必要とするために（三重県議会委員会条例二一条）時間を要し、会期の短い地方議会においては活用しにくいものである。そのため、新たに簡便な手続で民意を直接聴取する方法として国会と同様の制度を平成三年の地方自治法改正で追加し、公聴会制度以外に参考人制度が創設されたものである。

しかし、参考人制度は、その人選の過程において、当初から委員会により参考人が絞られているため、幅広く県民の声を聴くという観点から考えれば、公聴会における公募方式の方が望ましい。従って、三重県議会委員会条例二一条に規定された公聴会開催の手続を簡略化し、ラジオ、インターネット、テレビ等による公示手続についても検討を行うものとする。

また、提言4－8で述べた県内調査方法の見直しとの観点から、地域（議事堂所在地以外）での公聴会及び参考人招致の実施についても検討を行うものとする。

(5)　サポート体制の充実

提言5　サポート体制の充実
5－1　シンクタンク、諮問機関の設置を行うことができるよう地方自治法の改正について要望していくものとする
5－2　議会の監視機能、政策立案機能等をサポートする事務について法制上明確にするとともに、議会事務局の位置付けについて、地方自治法の改正を要望していくものとする
5－3　人事体制についての検討を行うものとする

（趣旨）

議会は長に対する監視機能の一層の強化、政策立案機能の強化が求められていることから、サポート体制の充実を図る必要がある。


（提言5－1　シンクタンク、諮問機関の設置を行うことができるよう地方自治法の改正について要望していくものとする）

昨今の社会は高度に複雑化しており、行政課題について審議する場合、専門的な知識を必要とするとともに、住民に与える影響などを専門的に調査しなければ判断できない行政課題が増加している。

現行制度上、有識者、住民等の意見を聴く方法としては公聴会及び参考人制度があるが、これらの制度は、議会が一方的に意見を聴取するものであり、対等な立場で相互に議論し適正な判断や政策等を深めていくには不適当である。

中長期的な視点から自治体の政策の在り方等を総合的に検討し、政策等を提言していくために、与えられた課題に対して学識経験者などが自由に持論を展開できる諮問機関などの附属機関の設置を行うことができるよう法

改正を求めてゆくものとするとともに、法改正が行われるまでの間は、私的諮問機関の設置を行うものとする。

**（提言５－２　議会の監視機能、政策立案機能等をサポートする事務について法制上明確にするとともに、議会事務局の位置付けについて、地方自治法の改正を要望していくものとする）**

地方自治法一三八条七項では「事務局長及び書記長は、議長の命を受け議会の庶務を掌理する」とされている。

しかし、議会事務局の仕事については、従来のように誤り無く議事を運営することに加え、これまで以上に監視機能、政策立案機能などをその業務内容とする調査部門、法制部門のウェートが大きくなりつつある。現に、議会事務局が行っている事務と「議会の庶務」とは大きく乖離している。

従って、調査部門、法制部門などの議会の監視機能、政策立案機能等をサポートする事務について法制上明確にするとともに、議会事務局の位置付けについて、地方自治法の改正を要望していくものとする。

**（提言５－３　人事体制についての検討を行うものとする）**

議会事務局職員の任命権者は議長であるが、執行機関との人事交流により三年程度で異動となるのが通例である。人事交流は長所、短所の両面があるが、今後、二元代表制の趣旨に基づき議会がその役割を果たしていけばいくほど、執行機関との対立は避けられないものであり、職員が議会及び議員をサポートするための環境を人事面において整備する必要がある。

従って、議会の政策提言機能の向上に寄与できる任用期間を定めた職員の採用や、議会による独自の議会事務局職員の採用など、人事体制について今後検討を行っていくものとする。

### (6)　専決処分の見直し

> **提言6　専決処分の見直し**
>
> **6－1　地方自治法に定める専決処分の要件から「地方公共団体の長において議会を招集する暇がないと認めるとき」を削除するよう、同法の改正を要望していくものとする**
>
> **6－2　不承認とされた専決処分については、知事に対し、可能な限りの原状回復への議案の提出等の具体的な措置を講ずる旨を義務付けるよう、地方自治法の改正を要望していくものとする**
>
> **6－3　議会の委任による専決処分の委任内容については、議会自らが一定の間隔で見直すものとする**

**（趣旨）**

専決処分は①長の専決処分（地方自治法一七九条）と②議会の委任による専決処分（地方自治法一八〇条）とがあるが、とりわけ、①長の専決処分は、議会と長が共に住民代表として自治体行政を担う二元代表制であるにもかかわらず、長が議会に対して極めて優位となる仕組みである。

**（提言6－1　地方自治法に定める専決処分の要件から「地方公共団体の長において議会を招集する暇がないと認めるとき」を削除するよう、同法の改正を要望していくものとする）**

長が専決処分をできる条件として、地方自治法一七九条は次の四つの条件を規定している。

①　議会が成立しないとき（在任議員の定数が議員定数の半分に満たない場合）

②　地方自治法一一三条但し書の場合においてもなお会議を開くことができないとき

i　地方自治法一一七条の規定による除斥のため半数に達しないとき

ii　同一の事件につき再度招集しても半数に達しないとき

iii　招集に応じても出席議員が半数を欠き議長に

おいて出席を催告しても、なお半数に達しないとき

③　長において議会を招集する暇がないと認めるとき

④　議会において議決すべき事件を議決しないとき

ほとんどの専決処分は、「③長において議会を招集する暇がないと認めるとき」をその処分の理由としている。

しかし、通信・交通手段の発達した現在、「議会を招集する暇がないと認める」場合は極めてまれであるにもかかわらず、多くの専決処分がこの理由を根拠として行われていることを考えると、長による専決処分の恣意的な運用が行われるおそれは否定できず、議会の権限が制約されていると言える。

また、専決処分は長だけの権限で行われるものであり、議会が承認しなくてもその効果に影響を与えないものと解釈されている。二元代表制の趣旨から議会のチェック機能を適切に果たしていくため、地方自治法一七九条に定める長の専決処分の要件から、「地方公共団体の長において議会を招集する暇がないと認めるとき」を削除するよう、地方自治法の改正を国に要望していく。

**（提言６－２　不承認とされた専決処分については、知事に対し、可能な限りの原状回復への議案の提出等の具体的な措置を講ずる旨を義務付けるよう、地方自治法の改正を要望していくものとする）**

長が専決処分を行った場合、次の議会において議会に報告を行い、議会の承認を得る必要がある。

しかし、議会が専決処分を不承認としても専決処分の効力に影響はなく、長に政治的責任が残るのみと解されている。

従って、（提言６－１）の法改正が認められない場合も考え、地方公共団体の長において議会を招集する暇がないと認め専決した場合において、次の議会において、不承認とした場合には、長による報告、説明、可能な限りの原状回復への議案の提出等の具体的な措置を講ずる旨を義務付けるよう、地方自治法の改正を国に要望していく。

（提言6－3　議会の委任による専決処分の委任内容については、議会自らが一定の間隔で見直すものとする）

議会の権限のうち軽易な事項で議会の議決で決定したものは、長が専決処分できることとなっている（地方自治法一八〇条）が、その委任内容については、議会自らが一定の間隔で見直すものとする。

### (7)　議員の調査権限等

| |
|---|
| 提言7　議員の調査権限等<br>7－1　議員に一般的な資料請求権を付与するよう地方自治法の改正を要望していくものとする<br>7－2　議員個人の公設秘書の設置について要望していくものとする |

（趣旨）

議員の監視機能の強化を図るに当たっては、サポート体制の充実とともに、議員の調査権限等を強化する必要がある。

（提言7－1　議員に一般的な資料請求権を付与するよう地方自治法の改正を要望していくものとする）

地方自治法一〇〇条による調査権の行使の主体は議会であり、議員個人が行使することはできない。地方自治法九八条の検査、監査の請求、同法一〇九条の常任委員会の調査も議員個人が行うことはできない。

しかし、執行機関と議会の情報量は比較にならないほど格差（情報の非対称性）があり、議会が幅広く充実した審議を行い、政策提言、チェック機能を果たしていくためには、議会を構成する議員による執行機関の持つ情報の入手を制度的に保障することが必要である。このため、議員に一般的な資料請求権を付与するよう地方自治法の改正を国へ要望していくものとする。

（提言7－2　議員個人の公設秘書の設置について要望していくものとする）

住民のニーズが多様化するとともに、住民のニーズの施策への反映、政策提言など議員活動は幅広くかつ専門的になってきている。このため、議員一人では十分な議員活動を行うことは困難となってきており、議員が秘書的業務を行う者を雇用している例も少なくない。このため、県議会議員においても議員活動をサポートするため、議会事務局の役割、体制等とも併せて検討しながら、中長期的課題として公設秘書の設置について制度改正を要望していくものとする。

(8)　広報広聴機能の充実

提言8　広報広聴機能の充実
8－1　住民の声を聴く方法（パブリックコメント等）の制度化に向けて検討していくものとする
8－2　会議等のテレビ中継は継続しつつも、委員会審議のインターネット中継を行うなど、進展するIT関連技術を活用した審議公開の方策をさらに検討するものとする

（趣旨）

議会が政策を立案・策定するに関しては、住民の意見をできる限り反映するとともに、政策の審議過程を公開することが重要である。

（提言8－1　住民の声を聴く方法（パブリックコメント等）の制度化に向けて検討していくものとする）

本県議会においては、議員による政策条例づくりが積極的に行われてきている。この条例づくりに当たっては、各議員が住民の意見を聴取し、反映してきており、議員がパブリックコメントの機能を果たしている。

今後、直接的又は間接的に住民に利害を及ぼすばかりでなく、住民の権利の制限や住民に義務を課す条例について数多く検討され、提出されることが予想される。こ

うしたことから、本県議会においても、条例の審議過程を住民に明らかにするとともに、条例制定の手続面においても、事前に条例案を公表し、寄せられた住民の意見を考慮し最終案を策定していくことが必要である。このため、条例化を含め、住民の声を聴く方法の制度化に向けて検討していくものとする。

**（提言8－2　会議等のテレビ中継は継続しつつも、委員会審議のインターネット中継を行うなど、進展するIT関連技術を活用した審議公開の方策をさらに検討するものとする）**

広報広聴活動の充実に関しては、分権時代の住民代表機関にふさわしい広報の在り方や県民からの政策提案その他の意見収集等の広聴を戦略的、体系的に行うための基本方針の策定等を検討する必要がある。

さらに、本会議等のテレビ中継は継続しつつも、委員会審議のインターネット中継を行うなど、進展するＩＴ関連技術を活用した審議公開の方策をさらに検討するものとする。

**（参考資料）**

本県議会は、広報機能の充実に向けて以下のような取組を行ってきた。

**1　住民にわかりやすい議会運営の推進**

**（1）本会議のテレビ中継、本会議会議録の公開**

ア　代表質問と一般質問のリアルタイムテレビ中継

イ　代表質問と一般質問のインターネットによる録画配信

ウ　本会議会議録検索システム

エ　本会議会議録速報版のホームページ掲載

**（2）委員会の公開、委員会会議録の公開、県外調査概要の公表**

ア　一般県民の常任委員会及び特別委員会の傍聴解禁、傍聴規則の緩和

イ　一般県民の議会運営委員会の傍聴の解禁

ウ　委員会会議録の閲覧及びホームページ掲載

**（3）正副議長の選出**

正副議長の選出については、県民からみて、どのように決まったのか分かりにくいものであったため、役員改選協議会において、平成一二年度から正副議長の選出は立候補制とし、所信表明会を開催した後、投票によって選出することとした。

**(4) 文書の公開**

文書公開については、平成九年一〇月一日から三重県情報公開条例の実施機関として平成九年四月以降に作成された公文書を対象に情報公開を実施し、平成一二年四月からは、公開の対象を、保有し、組織的に用いるもの全てとした。

**(5) 三重県議会ホームページ**

平成一五年三月に三重県議会ホームページの全面的リニューアルを行い、掲載内容、情報量の大幅増加、見やすさの大幅向上を図った。

**2 住民が参加しやすい議会運営の推進**

**(1) 住民の議会への直接参加**

ア　政策提案制度の創設

イ　県民と議会が直接ふれ合い、意見交換等ができる事業の実施

・女性議会

・中高生と県議会議員の語る会

・ふるさと三重を共に創る県政テレビトーク

ウ　議長の県民ふれあいトークの開催

**(2) 傍聴規則の見直し**

ア　傍聴人の禁止制限規定などを大幅に見直し必要最低限なものとするとともに分かりやすい規定に改正

・「傍聴人の取締り」を規則の目的から削除

・傍聴人の住所、氏名等による特定の廃止

・傍聴席での写真、ビデオ撮影、録音等の解禁

・児童、乳幼児の傍聴の解禁

・傍聴席に入ることができない者、傍聴人の守るべき事項を整理し、分かりやすくした。

**(3) 手話通訳の対応体制の整備**

平成一五年度定例会から、視覚障害者の方が会議を傍聴できる環境づくりを行っている。

**(4) 議事堂のバリアフリー対策**

正面玄関のスロープ化、誘導ブロック、音声ガイド装置の設置、多機能トイレへの改修等を行った。

### (5) 傍聴者アンケートへの対応

傍聴者に対するアンケート結果に対応し、平成一五年九月から、毎回、議案件名一覧、請願受理一覧、意見書案件一覧、決議案件一覧を配布するなど、傍聴者への配布資料を充実した。さらに、平成一六年二月より、件名一覧から議案等の具体的内容を知りたい方のために、議案書、議案説明書、予算説明書、決算書などの書類を傍聴席入口に備え置き、容易に閲覧ができるようにした。

# 『二元代表制における議会の在り方検討会』の検討の経緯

〈平成14年5月17日（金）〉

第1回政策推進システム対応検討会

・中間報告の説明及び当面の検討会の進め方について

学識経験者を講師に迎え、委員による勉強会を行う。

議会のあり方について課題となる事項を抽出する。

〈平成14年6月11日（火）〉

第2回政策推進システム対応検討会

・今後の調査の進め方について

今年度は、基本的な考え方と取り組み方向を中間報告でまとめ、来年度以降、最終報告に向けた調査活動、具体的な検討を行う。

次回は、日本でのＮＰＭの第一人者である新潟大学の大住教授を招き、勉強会を行う。

ＮＰＭと議会の監視機能に係る研究者見解聴取一覧表により、今後の勉強会の人選を行う。

〈平成14年7月12日（金）〉

第3回政策推進システム対応検討会（勉強会）

・新潟大学大住教授の講義とフリー・ディスカッション

（講義）

議会の役割として政策目標の優先順位付けを提言

（価値の議論）

（フリー・ディスカッション）

予算による統制と住民参画の手法について

〈平成14年8月21日（水）〉

第4回政策推進システム対応検討会（勉強会）

・國學院大学原田助教授の講義とフリー・ディスカッション

（講義）

現在の議会の抱える課題と今後の議会のあり方につ

いて

（フリー・ディスカッション）

議会運営のあり方、議会広報のあり方、住民参画のあり方、情報量の格差是正等について

〈平成14年10月7日（月）〉

第5回政策推進システム対応検討会

・12月の中間報告の基本的な方向について

住民意見の統合機能、議会と執行機関との関係、情報の非対称性、決算の政策への反映、全員委員会等の議会運営について議論を深める。

〈平成14年10月21日（月）〉

第6回政策推進システム対応検討会

・執行機関によるイギリス視察の報告と質疑

〈平成14年12月9日（月）〉

第7回政策推進システム対応検討会

・政策推進システム対応検討会の中間報告の作成

〈平成14年12月19日（木）〉

・代表者会議の協議

〈平成15年2月4日（火）〉

・中間報告書の公表

〈平成15年12月12日（金）〉

第1回二元代表制における議会の在り方検討会

・今後の調査検討について

検討会の名称を「二元代表制における議会の在り方検討会」へと変更

〈平成16年2月9日（月）〉

第2回二元代表制における議会の在り方検討会

・大森彌千葉大学法経学部教授・東京大学名誉教授による講演

（テーマ）

二元代表制と今後の議会のあり方

・大森教授との意見交換

〈平成16年3月10日（水）〉

第3回二元代表制における議会の在り方検討会

・「トータルマネージメントシステム」における議会の評価について

執行機関との意見交換

〈平成16年4月13日（火）〉

第4回二元代表制における議会の在り方検討会

・中間報告に関する執行機関との意見交換

〈平成16年5月17日（月）〉

第5回二元代表制における議会の在り方検討会

・中間報告に関する執行機関との意見交換

〈平成16年6月9日（水）〉

第6回二元代表制における議会の在り方検討会

・前回までの議論の確認

・政府審議会等における議会に関する記述について

・イギリス及びアメリカの地方制度について

〈平成16年8月4日（水）〉

第7回二元代表制における議会の在り方検討会

・中間報告における具体的課題の整理について

・検討会報告書骨子案について

・検討会報告書本文（案）について

〈平成16年9月21日（火）〉

第8回二元代表制における議会の在り方検討会

・海外調査について

・提言内容について

〈平成16年10月15日（金）〉

第9回二元代表制における議会の在り方検討会

・海外調査について

〈平成16年11月15日（月）〉

第10回二元代表制における議会の在り方検討会
・今後のスケジュールについて
・海外調査の報告書への反映について
・課題に係る提言について

〈平成16年11月29日（月）〉
第11回二元代表制における議会の在り方検討会
・海外調査について
・検討会報告書（案）について

〈平成16年12月14日（火）〉
第12回二元代表制における議会の在り方検討会
・検討結果報告書素案について

〈平成17年2月24日（木）〉
第13回二元代表制における議会の在り方検討会
・最終検討結果報告書（素案）に係る執行部との意見交換

〈平成17年3月9日（水）〉
第14回二元代表制における議会の在り方検討会
・報告書（素案）の取扱いについて

二元代表制における議会の在り方検討会委員名簿
（平成17年3月）

| 会派名 | 氏名 |
|---|---|
| 自民・無所属・公明議員団 | 委員　中嶋年規<br>委員　貝増吉郎<br>委員　野田勇喜雄 |
| 新政みえ | 座長　三谷哲央<br>委員　清水一昭<br>委員　舟橋裕幸 |
| 無門会 | 委員　藤田正美 |

（発足当時：平成15年12月）

| 会派名 | 氏名 |
|---|---|
| 新政みえ | 座長　三谷哲央<br>委員　清水一昭<br>委員　舟橋裕幸 |
| 自由民主党・無所属議員団 | 委員　藤田正美<br>委員　溝口昭三<br>委員　山本教和 |
| 無所属・ＭＩＥ | 委員　野田勇喜雄 |

（参考）　政策推進システム対応検討会委員名簿
（平成14年4月）

| 会派名 | 委員名 |
|---|---|
| 新政みえ | 座長　三谷哲央<br>委員　清水一昭<br>委員　舟橋裕幸 |
| 自由民主党議員団 | 委員　藤田正美<br>委員　溝口昭三 |
| 無所属・ＭＩＥ | 委員　野田勇喜雄 |
| 日本共産党議員団 | 委員　萩原量吉 |

# 2　三重県議会基本条例・本文

平成十二年四月のいわゆる地方分権一括法の施行により、地方公共団体（以下「自治体」という。）は、自らの責任において、その組織及び運営に関する様々な決定を行うこととなり、国と自治体の関係も、従来の上下・主従の関係から、対等・協力の関係へと変化した。

また、住民が自治体の長及び議会の議員を直接選挙するという二元代表制の下、三重県民の代表として選ばれている議員と知事は、それぞれが県民の負託にこたえる責務を負っている。

このため、本県議会は、住民自治及び団体自治の原則にのっとり、真の地方自治の実現に向け、国や政党等との立場の違いを踏まえて自律し、知事その他の執行機関（以下「知事等」という。）とは緊張ある関係を保ち、独立・対等の立場において、政策決定並びに知事等の事務の執行について監視及び評価を行うとともに、政策立案及び政策提言を行うものである。

今日まで、本県議会は、分権時代を先導する議会を目指して、議会改革に積極的に取り組み、知事等への監視機能の強化や政策立案機能の充実等の議論を行い、議会改革推進のために、平成十五年十月には、本県議会の基本理念と基本方向を定める決議を行うなど、真摯に努力を重ねてきた。

ここに、本県議会は、これまでの歩みから、日本国憲法及び地方自治法の範囲内において、議会の基本理念、議員の責務及び活動原則等を定めるとともに、議会と知事等及び県民との関係を明らかにし、県民の負託に全力でこたえていくことを決意し、この条例を制定する。

## 第一章　総則

（目的）

**第一条**　この条例は、二元代表制の下、議会の基本理念、議員の責務及び活動原則等を定め、合議制の機関である議会の役割を明らかにするとともに、議会に関する基本的事項を定めることにより、地方自治の本旨に基づく県民の負託に的確にこたえ、もって県民福祉の向上及び県勢の伸展に寄与することを目的とする。

**（基本理念）**

**第二条**　議会は、分権時代を先導する議会を目指し、県民自治の観点から、真の地方自治の実現に取り組むものとする。

**（基本方針）**

**第三条**　議会は、前条の基本理念にのっとり、次に掲げる基本方針に基づいた議会活動を行うものとする。

一　議会活動を県民に対して説明する責務を有することにかんがみ、積極的に情報の公開を図るとともに、県民が参画しやすい開かれた議会運営を行うこと。

二　議会の本来の機能である政策決定並びに知事等の事務の執行について監視及び評価を行うこと。

三　提出された議案の審議又は審査を行うほか、独自の政策立案や政策提言に取り組むこと。

四　地方分権の進展に的確に対応するため、議会改革を推進し、他の自治体の議会との交流及び連携を行うこと。

## 第二章　議員の責務及び活動原則

**（議員の責務及び活動原則）**

**第四条**　議員は、地域の課題のみならず、県政の課題とこれに対する県民の意向を的確に把握し、合議制の機関である議会を構成する一員として、議会活動を通じて、県民の負託にこたえるものとする。

2　議員は、日常の調査及び研修活動を通じて自らの資質の向上に努めるものとする。

3　議員は、議会活動について、県民に対して説明する責務を有する。

4　議員は、議場で質疑及び質問を行うに当たっては、対面演壇において、県政の課題に関する論点を県民に明らかにするため、一問一答方式等の方法により行うものとする。

（会派）

**第五条**　議員は、議会活動を行うため、会派を結成することができる。

2　会派は、政策立案、政策決定、政策提言等に関し、会派間で調整を行い、合意形成に努めるものとする。

## 第三章　議会運営の原則等

（議会運営の原則）

**第六条**　議会は、本県の基本的な政策決定、知事等の事務の執行の監視及び評価並びに政策立案及び政策提言を行う機能が十分発揮できるよう、円滑かつ効率的な運営に努め、合議制の機関である議会の役割を果たさなければならない。

2　議会は、議長、副議長、議会運営委員会の委員長等を選出するときは、その経過を明らかにしなければならない。

3　議会運営委員会は、議会運営について協議し、調整するものとする。

4　常任委員会又は特別委員会は、それぞれの設置目的に応じた機能が十分発揮されるよう運営されなければならない。

（議会の説明責任）

**第七条**　議会は、議会運営、政策立案、政策決定、政策提言等に関し、県民に対して説明する責務を有する。

## 第四章　知事等との関係

（知事等との関係の基本原則）

**第八条**　議会は、二元代表制の下、知事等と常に緊張ある関係を構築し、事務の執行の監視及び評価を行うとともに政策立案及び政策提言を通じて、県政の発展に取り組まなければならない。

2　議会は、知事等との立場及び権能の違いを踏まえ、議会活動を行わなければならない。

（監視及び評価）

**第九条**　議会は、知事等の事務の執行について、事前又は事後に監視する責務を有する。

2　議会は、議場における審議、決算の認定、監査の請求、調査の実施等を通じて、県民に知事等の事務の執行についての評価を明らかにする責務を有する。

（政策立案及び政策提言）

**第十条**　議会は、条例の制定、議案の修正、決議等を通じて、知事等に対し、積極的に政策立案及び政策提言を行うものとする。

## 第五章　議会の機能の強化

（議会の機能の強化）

**第十一条**　議会は、知事等の事務の執行の監視及び評価並びに政策立案及び政策提言に関する議会の機能を強化するものとする。

（附属機関の設置）

**第十二条**　議会は、議会活動に関し、審査、諮問又は調査のため必要があると認めるときは、別に条例で定めるところにより、附属機関を設置することができる。

（調査機関の設置）

**第十三条**　議会は、県政の課題に関する調査のため必要があると認めるときは、議決により、学識経験を有する者等で構成する調査機関を設置することができる。

2　議会は、必要があると認めるときは、前項の調査機関に、議員を構成員として加えることができる。

3　第一項の調査機関に関し必要な事項は、議長が別に定める。

（検討会等の設置）

**第十四条**　議会は、県政の課題に関する調査のため必要があると認めるときは、目的を明らかにした上で、議決により、議員で構成する検討会等を設置することができる。

2　前項の検討会等に関し必要な事項は、議長が別に定める。

（議員間討議）

**第十五条**　議員は、議会の権能を発揮するため、常任委員会、議会運営委員会及び特別委員会並びに前二条の規定により設置される調査機関及び検討会等において、積極的に議員相互間の討議に努めるものとする。

2　議員は、議員間における討議を通じて合意形成を図り、政策立案、政策提言等を積極的に行うものとする。

**（研修及び調査研究）**

**第十六条**　議員は、政策立案及び政策提言能力の向上のため、研修及び調査研究に積極的に努めるものとする。

**（政務調査費）**

**第十七条**　会派及び議員は、調査研究に資するために政務調査費の交付を受け、証拠書類を公開すること等によりその使途の透明性を確保するものとする。

2　政務調査費に関しては、別に条例の定めるところによる。

## 第六章　県民との関係

**（県民の議会への参画の確保）**

**第十八条**　議会は、県民の意向を議会活動に反映することができるよう、県民の議会活動に参画する機会の確保に努めるものとする。

2　議会は、知事等の事務の執行の監視及び評価並びに政策立案及び政策提言の過程において、参考人、公聴会等の積極的な活用及び県民との意見交換等県民参画に係る制度の充実に努めるものとする。

**（広聴広報機能の充実）**

**第十九条**　議会は、議会に対する県民の意向の把握及び多様な媒体を用いた県民への情報提供に努めるものとする。

2　議会は、広聴広報機能の充実を図るため、議員で構成する広聴広報会議を設置する。

**（委員会等の公開）**

**第二十条**　議会は、開かれた議会運営に資するため、委員会等を原則として公開する。

**（議会活動に関する資料の公開）**

**第二十一条**　議会は、三重県情報公開条例（平成十一年三重県条例第四十二号）との整合を図りつつ、議会活動に関する資料を原則として公開し、会議録については、議会図書室において県民が閲覧できるようにしなければならない。

## 第七章　議会改革の推進

（議会改革推進会議）
第二十二条　議会は、議会改革に継続的に取り組むため、議員で構成する議会改革推進会議を設置する。

（交流及び連携の推進）
第二十三条　議会は、他の自治体の議会との交流及び連携を推進するため、独自に又は共同して、分権時代にふさわしい議会の在り方についての調査研究等を行うものとする。

## 第八章　政治倫理

（政治倫理）
第二十四条　議員は、県民の負託にこたえるため、高い倫理的義務が課せられていることを自覚し、県民の代表として良心と責任感を持って、議員の品位を保持し、識見を養うよう努めなければならない。

2　議会は、議員の政治倫理に関して別に条例を定める。

## 第九章　議会事務局等

（議会事務局）
第二十五条　議会は、議会の政策立案能力を向上させ、議会活動を円滑かつ効率的に行うため、議会事務局の機能の強化及び組織体制の整備を図るものとする。

2　議会は、専門的な知識経験等を有する者を任期を定めて議会事務局職員として採用する等議会事務局体制の充実を図ることができる。

（議会図書室）
第二十六条　議会は、議員の調査研究に資するために設置する議会図書室を適正に管理し、運営するとともに、その機能の強化に努めるものとする。

2　議員は、調査研究のため、積極的に議会図書室を利用するものとする。

## 第十章　補則

（他の条例との関係）

**第二十七条**　この条例は、議会に関する基本的事項を定める条例であり、議会に関する他の条例等を制定し、又は改廃する場合においては、この条例との整合を図るものとする。

（検討）

**第二十八条**　議会は、この条例の施行後、常に県民の意見、社会情勢の変化等を勘案し、必要があると認めるときは、この条例の規定について検討を加え、その結果に基づいて所要の措置を講ずるものとする。

附　則

この条例は、公布の日から施行する。

平成十八年十二月二十六日

三重県条例第八十三号

# 3　〔論説〕議会基本条例の可能性

## ――三重県議会基本条例を例に――

岩名　秀樹／駒林　良則

## はじめに

昨年一二月二〇日、三重県議会は、地方分権時代を先導する議会を目指して、同議会の基本理念及び活動原則を定めた「三重県議会基本条例」を制定したが、この条例は自治体議会関係者の注目を浴びるところとなっている。議会基本条例は、昨年五月に全国で最初に北海道栗山町議会が制定しているのであるが、三重県議会基本条例は府県レベルでは最初であるとともに、その内容は現行の二元代表制を踏まえた地方分権改革にふさわしい議会の役割や活動のための基本的事項を定めることを自認しており、その実現の行方と今後の三重県議会のあり方に大きな関心が寄せられている。

三重県議会基本条例は、第一章で詳論するように、これまで三重県議会が取り組んできた議会改革の集大成という位置づけを持つとともに、同条例が制定されるようになった背景として——前文にもあるように——、地方分権改革の動向を抜きにしては考えられないものといえる。地方分権改革の進展によって、自治体は否応なく自己改革を余儀なくされ、その一端として、自治体を動かす主要な機関としての議事機関と執行機関のあり方にも変革を迫られ、さらには、議会と長の関係についても議論が展開されるなど、自治体組織のありかた自体が大きく問われているところである。議事機関たる議会に限っても、従来から「議会の活性化」が叫ばれてきたのではあるが、分権改革の大きなテーマとなっている「住民自治の充実」には議会の活性化が不可欠であるとの認識のもと、例えば二〇〇五年一二月に第二八次地方制度調査会が提出した「地方の自主性・自律性の拡大及び地方議会のあり方に関する答申」にもあるように、議会の機能たる意思決定機能と監視機能の強化が改めて要請されている。かかる要請に応えて、例えば、議員提案型の政策条例の増加にみられるように、徐々にではあるが積極的な議会改革の取組も散見されるようになった。三重県議会基本条例が示す議会の役割やその活動の基本的方向性も、議会活動の積極的な公開とこれに対応する形での議会への県民参加であり、さらには議会機能としての執行機関監視とともに議会独自の政策形成を謳っているのであって、分権改革の方向性に沿ったものと評することができる。

もっとも、三重県議会が自らの議会改革を遂行するなかで、議会基本条例への制定に至った動機は、県議会の存在理由を県民との関係において法制上明らかにすべきである、との認識を深めたからであるといえる。換言すれば、地方議会はいかなる位置づけにあり、またいかなる任務を果たすべきかが現行法制上明確でないということに思い至ったのであろう。地方議員についても同様のことがいえる。つまり、前述した地方議会の機能が十全に発揮できるようにするためには、これまでの議会運営に比重を置いた活性化策だけでは足りず、こうした点を明確にするような法的対応の必要性を痛感したのではないかと思われるのである。即ち、憲法九三条は地方議会を憲法上の必置機関としているにとどまり、その位置づけや任務については明記していないため、それらは地方自治法の議会関係規定に委ねられるとみられてきたが、同法九六条以下の規定だけからこれらを導出するのは無理があるように思われる。地方議会の位置づけや任務を明らかにすることは、そもそも自治体組織に係る憲法と地方自治法の関係をどうみるかにも関わり、加えて自治体が自らの組織についてどこまで自主立法により規律できるのかという自治組織権にも関わるとみられるのであり、三重県議会はこの点を二元代表制の下での議会という前提に基づく基本条例の制定という形で県民に提示したとみることができる。かかる意味において、三重県議会基本条例は現行法制上あいまいであった地方議会のありかたについての論議に一石を投じるものとなろう。

さて、昨年末に成立した地方分権推進法を期に平成一九年から第二期の地方分権改革が始まるといわれている(1)。そうした時期にあって、今後の議会のありかたについて先導的な位置づけをもつと思われる三重県議会基本条例を詳しく紹介しつつ、その法的意義を考察しまた問題点等を示すことは意味のあることではないかと思う。そこで、第一章ではこの条例の制定経緯を略述することにしたが、その執筆はこの条例の制定に重要な役割を担った三重県議会の岩名秀樹議員にお願いした(2)。それ以外は筆者（駒林）が担当しているが、全体の責任は筆者が負っている。

（1）　この新しい地方分権改革推進法の成立後から第二期の地方分権改革となるという表現については、新地方分権構想検討委員会『第二期地方分権改革とその後の改革の方向——豊かな自治と新しい国のかたちを求めて』分権型社会のビジョン最終報告（二〇〇六年一一月）から引用した。

（2）　筆者（駒林）は、この条例の制定に微力ながら関わる機会があり、本稿の執筆の動機もそこにある。なお、執筆に関して高沖企画法務課長をはじめ三重県議会事務局の方々には資料提供を含め様々な協力をいただいた。ここに謝意を表しておきたい。

# 第一章　三重県議会基本条例の制定経緯

## 一　条例制定までの取組

「議会基本条例」という名称が付された条例としては全国の都道府県議会レベルでは初とされる「三重県議会基本条例」は、平成七年に北川正恭知事の下で始まった県庁改革と同時に、県議会も当時の岩名秀樹議長の下で取組が始まった議会改革一二年間の集大成と捉えることができる。その間、議会改革が進展する中で、「議会基本条例」という言葉自体が県議会で取り上げられたのは、平成一四年度の「ニュー・パブリック・マネージメント時代における議会のあり方についての調査」中間報告書が初めてであった。

その後、平成一五年四月の県議会議員の改選時期を経て、平成一五年度から一六年度にかけての「二元代表制における議会の在り方検討会」での議論が、この議会基本条例の考え方のベースになっていると捉えることができる。そして、平成一七年度の「議会基本条例研究会」、平成一八年度の「議会基本条例検討会」を経て、平成一八年九月一五日に議会基本条例素案が公表され、同年一二月議会に上程、可決成立したのである。以下、まず、この条例の制定経緯について述べる。

（一）【平成一四年度】――「ニュー・パブリック・マネージメント時代における議会のあり方についての調査（政策推進システム対応検討会中間報告）」

三重県では、平成一〇年から北川正恭知事の下で「行政システム改革」による集中的な改革が行われた。これは後に「政策推進システム」として県政運営のシステムに導入された「ニュー・パブリック・マネジメント（ＮＰＭ）」の考え方により多くの影響を受けたものであった。この三重県の政策推進システムの基本的な考え方は、行政運営を管理型システムから経営型システムへ転換させようとすることであった。特に、ＮＰＭの手法の一つである政策評価を説明する中で、執行機関のマネージメント・サイクルとしてPlan-Do-Seeのサイクルが示され、これは今後の議会の在り方についても重大な影響を及ぼすものとされ、議会との関係について議論を呼んだ。それは、示されたサイクルの中に議会の関与について具体的なイメージが示されていなかったのである。

ＮＰＭでは行政運営におけるPlan-Do-Seeのマネージメントサイクルが重視される。三重県の政策推進システムもこのサイクルを前提とするが、そこにおけるSeeは自己評価であり、評価結果に対して広く県民（議会を含む。）の意見の収集とその反映を図り、基本的には執行機関限りの自己完結性の高い仕組みである。

この執行機関におけるマネジメントサイクルの確立は、それ自体有効であるとしても、その完成度が高まれば高まるほど議会の位置付け、役割といったものは不安定なものとなる。「執行」を行わない議会が単純にマネージメントサイクルに入ろうとするならば、議会が執行機関ないしマネージメントサイクル（政策推進システム）に「取り込まれる」ことになる。このような議会にとって非常に厳しい現状等にかんがみ、真にあるべき二元代表制の姿を捉え直し、議会の存在価値、担うべき役割・機能を改めて自ら問い直す必要があるとして、標記調査は単に対処療法的な解決を探るものではなく、将来にわたり県民の負託にこたえることのできる議会ないし議員の在り方、在るべきシステムの構築を目指して調査・検討を行おうとするものであった。

この調査は、まず、分権時代のあるべき二元代表制の枠組みというものを考えた。政策推進システムにおいては、住民は「顧客」と位置付けられる。それに対して、住民は自治体のいわば「株主」であり、「所有者」ないし「主権者」であるという見解があり、このような考え方を念頭において、住民との関係において、分権時代のあるべき二元代表制の枠組みをイメージしたのである。

また、今後の議会の在り方を論ずるとき、審議・議論を前提とする議決という議会の本来的権限を軸とする「政策決定機能」と、行政監視機関として首長（執行機関）の行政執行の監視・統制に力点を置く「評価・監視機能」とがあり得るとし、政策決定と行政監視とは、いずれも議会の重要な機能であり、どちらが優先するというものではない、とした。首長と議会（議員）が共に住民の直接選挙で選出され（住民代表）、両者が相互に抑制・均衡しながら、自治を実現すべき二元代表制が真に機能するためには、これらの機能をそれぞれ充実させ、両者がバランスよく機能を発揮できるようになることが望ましい。

地方分権時代における議会の在り方の一つとしては、法的適合性などの解決すべき課題はあるものの、例えば中長期的視点に立脚して議会が政策の大綱や政策の優先付けなどを集約し、それを基に議決や意見書などを通じて執行機関に対して「政策方向の表明」を行い、それに基づいた政策的判断に即して、首長が作成する予算案などを議会において審査、審議等を行い、最終的に議会が政策決定していく仕組み（サポート体制の一つとしての諮問機関の創設などを含め）を作ることが考えられるのではないか。

これらの考え方を一連のサイクルにまとめると、執行機関限りの Plan-Do-See のサイクルとは別次元の「議会による政策方向の表明→政策決定→執行の監視・評価→次の政策方向の表明」という新しい政策サイクルの構築が考えられる。この議会の政策サイクルと首長の政策推進システムというサイクルが相まって地方自治行政が推進されることは、今後の地方自治体における議会及び首長という二元代表制の新しい展開方向を示唆するものであった。

政策推進システム対応検討会（座長：三谷哲央議員）の中間報告では、このような考え方を骨子として、議会主導の新しい政策サイクルのシステムの構築が提案されたのであるが、この考え方が生まれる根底には、当時、我が国のＮＰＭ理論の分野では第一人者とされた新潟大学大住荘四郎教授の知見によるところが大きく、実際、大住教授を検討会に講師として招き、委員と議論を重ねた。中間報告では、最終報告へ向けての調査、検討の具体的課題として八項目が例示され、その一番目に「議会基本条例の制定」として次のように記述されたのである。

『分権時代の二元代表制の一方を担う本県議会が広く県民に対していかなる存在かを法制上明らかにする議会基本条例を議員提案により制定することを検討する必要がある。具体的には、本県議会のあり方、条例事項である委員会、現在は会議規則に定められている議事運営の基本的事項を統合して規定することが考え得る。また、必要があれば、地方自治法に根拠規定を設ける等の法改正の要望を検討することも考えられる。』

このように、三重県議会としては、この中間報告において初めて「議会基本条例」という言葉が使われたが、当時は議員間においても、まだそのイメージは何も固まっていない状況であった。

（二）【平成一五年度〜一六年度】――「二元代表制における議会の在り方について」（最終検討結果報告書）

標記の最終検討結果報告書は、上述したように、政策推進システム対応検討会が行った中間報告を引き継ぐものであり、平成一五年四月の議員改選で一時中断されたものの、平成一五年度から一六年度にかけて検討が行われ、検討会の名称も「二元代表制における議会の在り方検討会」（座長：三谷哲央議員）と改められたものである。また、「二元代表制」という考え方を議員全員で共有するため、平成一六年二月には、大森彌東京大学名誉教授を招き、『二元的代表制と今後の議会の在り方』のテーマで講演会を行い、県内市町村議会議員も含めて二元代表制という考え方の理解を深めた。

最終検討結果報告書では、中間報告で提起された問題意識の根底にある自治体の長と議会の関係を、今般の分権改革の枠組みを通じて読み解き、二元代表制における議会の在り方について提言を行うものであった。そして、中間報告で示した議会主導の新しい政策サイクルも考慮して、二元代表制を始めとする地方自治制度の捉え方、議会の運営、議会サポート体制の充実、議会と長との新しい関係の再構築、議会の責任等について検討し、二元代表制に基づき議会がその権能を発揮し、住民の負託にこたえていくため、地方自治法の規定が妨げとなっている事項について、必要最低限の法改正を提言していくとともに、現行法の枠内で対応が可能なものについて、議会として積極的に取り組んでいくように提言として取りまとめた。

最終検討結果報告書では、『今後、他府県と力を合わせ要望を行い、一刻も早く法改正が実現するとともに、提言が三重県議会において実行され、三重県議会が議会改革の先導的な役割を果たしていくことを希求するものである』と結ばれているが、ここでも提言項目が八項目挙げられており、その提言一が、『議会基本条例の制定について検討を行うものである』とされたのであった。

この最終検討結果報告書については、平成一七年三月末に、検討会から岩名秀樹議長に報告されたが、同月初旬に三谷座長を中心とする「二元代表制における議会の在り方検討会」委員と野呂昭彦知事との間で、二元代表制の在り方を巡って激論が交わされた経緯がある。野呂知事は、報告書が提案している「執行部の政策立案の前に議会が政策方向を表明し、政策の基本的な方向付けをする」という新しい政策サイクルには真っ向から反対の意を表明し、議会は執行部の監視機能を高めることが役割の中心である、とした。この野呂知事の考え方は、この激論の後、平成一八年九月の議会基本条例素案が発表された際にも、改めて示されたのである。

### （三）【平成一七年度】――「議会基本条例研究会」の設置

「二元代表制における議会の在り方検討会」の座長であった三谷哲央議員は、平成一七年五月に副議長に就任し、田中覚議長とともに、検討会最終報告書の提言に沿って「議会基本条例の検討」に取りかかることとした。

そして、同月一三日、前議長であった岩名秀樹議員を座長とし、各会派から選出された五人の議員で構成される「議会基本条例研究会」が設置された。「研究会」という名称は、この時点では議会基本条例を制定するかどうかについて、未だ議会全体では合意に至っていない、ということで付されたものであった。そこで、議会事務局は、議会基本条例というものをより具体化するために、学識経験者等を回って法解釈を聞いたり、参考文献を探すことからスタートした。

同年五月から六月にかけて、議会事務局職員が、九州大学大橋洋一教授（行政法）、福岡大学村上英明教授（憲法）、山梨学院大学江藤俊昭教授（地方自治論）を訪ね、三重県議会が目指している議会基本条例について、何が規定できるのか、何を規定すべきなのか、具体的には、二元代表制、附属機関、最高法規性といった論点について意見交換した。また、研究会の委員である議員以外の全議員が、議会基本条例に対する認識を深めるため、同年六月には、名城大学駒林良則教授を三重県議会に講師として招き、『二元代表制における議会の役割と議会基本条例』というテーマで講演会を開催し、意見交換も行った(1)。そして、同年七月末には、全国都道府県議会議長会で議会制度研究会の委員であった東京大学斎藤誠教授（行政法・地方自治法）及び金井利之助教授（都市行政学・行政学）からは全国議長会の研究会での検討結果との関係について、また、東京大学宇賀克也教授（行政法・地方自治法）からは議会の附属機関設置の考え方について、それぞれ有力な教示を得た。

このような、地方自治や行政の専門家との意見交換等を参考にしながら、議会基本条例研究会では、平成一七年五月から平成一八年三月まで、五回の研究会を開催して議論を重ね、一般的に議会基本条例を検討していくに当たっては、次の事項について検討していくことが考えられるのではないかとして、一二項目を挙げたのであった。

①議会の役割・責務・権限等、②議員の役割・責務・権限等、③議会と県民との関係、④議会と知事との関係、⑤議会の説明責任、⑥議会の情報公開、⑦議会による行政評価、⑧議会の評価、⑨附属機関、⑩議会基本条例の最高法規・規範性、⑪二元代表性、⑫政治倫理

さらに、議会基本条例研究会では、実際に具体的な議会基本条例の条文の形を見て県議会議員全員が勉強するということで、当時、具体的な議会基本条例の要綱案を発表していた北海道自治体学会議会研究会のリーダーである渡辺三省氏を講師に招いて、平成一八年四月、『議会基本条例により議会は変わるか』をテーマに講演会を開催し、意見交換を行うなど、議会基本条例制定に対する議会全体の機運を高めていったのである。

そして、平成一八年五月、議会基本条例の同年度内制定を目指し、研究会を発展的に組織強化し、研究会の委員メンバーを母体としてさらに各会派からの代表委員七名を加えて計一二名の議員で構成する「議会基本条例検討会」が設置されたのである。

## (四)【平成一八年度】――「議会基本条例検討会」の設置から条例案作成へ

平成一八年五月、議長に就任した藤田正美議長は、議会基本条例の同年度内の制定と同年九月にその素案を公表するとし、「議会基本条例検討会」(座長：岩名秀樹議員)での条例素案策定に着手した。議会基本条例検討会(以下、検討会という)は、昨年度一年間の研究会での研究成果を踏まえながらも実質四ヶ月しか検討期間がないため、検討会に各会派一名ずつの幹事三人を選出し、さらに、岩名秀樹座長三谷哲央副座長とともに五人で構成する検討会幹事会(以下、幹事会という)を設けて条例素案策定に全力を挙げた。議会基本条例検討会は、前述した昨年度の研究会

の一二項目を基に、会派の規定なども盛り込みながら、それぞれ三つの会派から提出された第一次案をベースに幹事会を八回、検討会を一一回開催して、三つの会派の意向を調整しながら議論を重ねた。

また、同年八月末には、地方自治法との関係で問題になると予想される「二元代表制」、「政策決定」、「附属機関」、「最高法規制」等の規定ぶりについて総務省の見解を知るべく、自治大学校教官経験者でもある京都大学上子秋生教授（自治体法務）を同検討会に招き、見解を求めた。

その後、素案最終案へ向けて各会派の意向も調整し、同年九月五日、第九回検討会において各会派の意見も合意に達して素案がまとまり、同年九月一五日、代表者会議において議会基本条例素案が承認され、素案公表となったのである。

素案公表後、同月二五日から一ヶ月間、パブリックコメントを実施して、広く県民等から議会基本条例素案に対する意見を求めたが、素案公表直後に野呂昭彦知事から議会の素案に対して、「地方自治法上の知事の権限を侵さないか」等五項目の疑問点が呈示された。これは、既に述べたように、野呂知事の考え方の中には、「二元代表制における議会の在り方検討会」最終検討結果報告書を公表した際に議会が提案した「議会主導の新しい政策サイクル」に対する根源的とでもいえる疑問があったのではないかと捉えることができる。これを受けて、検討会の岩名秀樹座長と三谷哲央副座長は、同年一〇月一七日、県議会と知事が議会基本条例を巡っての意見交換会を実施し、議会と知事がそれぞれの考え方を主張したが、素案を修正するかどうかは今後の同検討会で検討するとした。

また、同年一一月一日、全国の地方議会では初めて議会基本条例を制定した北海道栗山町議会を招いて、三重県津市で「三重県地方議会フォーラム二〇〇六」を開催し、基調講演をお願いした大森彌東京大学名誉教授から貴重な助言を得るとともに、出席した県内の地方議会議員等からも素案に対する意見を聴取することができた(2)。

このような素案公表後のパブリックコメントや学識経験者等の意見を踏まえて、検討会では、素案に対して、「憲法及び地方自治法の範囲内」、「二元代表制の用語は必要最少限使用」「情報公開条例との整合性を図る」、「最高法規制の規定であるという誤解を与えないようにする」等々の修正を加えた岩名座長・三谷副座長修正案が幹事会で示され、各会派協議となった。

結局、同月二二日、第一一回検討会において、最終的に座長・副座長修正案が合意されて、ようやく検討会の最終案がまとまった。その後、同月二八日、代表者会議において各会派承認され、同日午後、全員協議会にて議員全員に了解され、ここに、「二元代表制」を明記し、「議会が知事と独立・対等の立場で独自の政策立案や政策提言に積極的に取り組む」ことが骨子で、地方分権時代の議会の役割や権限、責務などを示した「三重県議会基本条例」最終案が確定し、一二月一日第四回定例会に上程された。「三重県議会基本条例案」は、検討会委員一二名の議員名による議員提出条例として提案され、議会運営委員会に付託審査された後、同年一二月二〇日、全会一致にて可決、成立したのである。

（1）その後、同年六月から七月にかけて、さらに幅広い意見を参考にするため、四日市大学竹下譲教授（地方自治論）、同志社大学新川達郎教授（行政学）からも知見を得た。
（2）さらにその間、素案に対しては、前記の研究会設置当時御指導いただいた先生方の他、北海学園大学神原勝教授（政治学）、松山大学妹尾克敏教授（憲法・地方自治法）、関西学院大学曽和俊文教授（行政法）等の全国の学識経験者等からも貴重な意見が寄せられた。

## 二　課題となった条項の成立経緯

次に、三重県議会基本条例の制定過程で特に問題となった諸条項について、その成立経緯を紹介しておきたい。

### （二）「会派」について

会派については、前記幹事会第一回会合において、平成一七年度の研究会で整理した一二の検討項目のうち、「議員の役割・責務・権限等」の項目の中で、議員の団体である会派についても県民が理解しやすいように、位置付けや定義付けの整理を行うということで合意された。

周知のように、会派については、平成一二年に地方自治法が一部改正され、政務調査費の支給対象として会派の規定が設けられ、初めて地方自治法上の用語となったが、この際も用語として明確な定義付けはされなかった。そこで、この議会基本条例において会派の定義付けを行おうと、三つの会派からそれぞれ条文案が提出され、そこでは、前文においても「国、政党などいかなる権力におもねることなく」と規定する案もあり、幹事会においても意見が分かれたのである。幹事会で、さらに「議会側が一枚岩になるという中での会派という意味において規定してはどうか。そのために国政の政党間の争いを持ち込まないように」等の意見が出され、前文にある「国や政党等との立場の違いを踏まえて自律し」の規定との兼ね合いのバランスの面からも議論が重ねられた。

そして、検討会の議論では「本来は、国政における政党間の争いを議会の争いに持ち込むことは、議会として一つの意思形成をしていく上で決して好ましいことではない。国政選挙の応援をすることは勿論いいが、それと県議会レベルでの政党論議とは別である。」「県議会の立場として、現実に地方議会も政党を背負って選挙するケースがある。」「県議会の議論に政党を前面に押し出すのは好ましくない」等の議論がなされた。結局、前文に「国や政党等の立場の違いを踏まえて自律し」という文言を規定し、第五条において「議員は、議会活動を行うため、会派を結成することができる。会派は、政策立案、政策決定、政策提言等に関し、会派間で調整を行い、合意形成に努めるものとする。」という規定内容で各会派が了解した。

## （二）「附属機関」、「調査機関」等の設置について

附属機関等の設置については、三重県議会は、議会基本条例制定前の平成一七年二月から、当時の岩名秀樹議長が、議長の私的諮問機関として外部の学識経験者と議員で構成する「公営企業事業の民営化検討委員会」を設置し、企業庁事業について検討結果報告をまとめ、それを受けて議会は、平成一八年三月に、知事に対して企業庁の民営化について提言を行っており、また平成一八年度も、病院事業庁についての検討を実施している経緯があった。したがって、議会基本条例中には、外部民間人で構成する「附属機関」、議員と有識者で構成する「調査機関」等は、是非とも規定したい項目であった。「附属機関」は、例えば、議会独自の情報公開条例における外部民間人のみで構成する審査会を、「調査機関」は、平成一八年度も実施している有識者と議員で構成する「公営企業事業の民営化検討委員会」を、それぞれ想定したものであった。

しかしながら、執行機関とは異なり、議会の附属機関に関しては、周知のように地方自治法に設置できる根拠規定は存在しない。そこで、議会基本条例に規定できるかどうかが議論されたところである。平成一七年度に議会事務局職員が大学教授等有識者に附属機関設置の是非を尋ねたところ、地方自治法に明文の禁止規定がないので設置できるのではないか、という見解や、地方自治法第二条一二項で地方公共団体に関する法令の規定は地方自治の本旨に基づいてこれを解釈し及び運用するようにしなければならない旨が規定され、法令の自主解釈権を自治体が有することとされているから、条例で設置しても支障はないのではないか、という意見が大勢であった。さらに、平成十八年六月に地方自治法が一部改正され、議会制度の見直しの中で、政策立案機能を強化するため、学識経験者等の知見を活用する、いわゆる「専門的知見の活用」が認められたこともあり、検討会では、この際、地方自治法に風穴を開ける意味でも「附属機関の設置」を議会基本条例素案に規定したのである。

もっとも、この素案に対しては、野呂知事から「現行の憲法及び地方自治法の範囲内の条例であるのかどうか。附属機関等の設置は、改正地方自治法において認められた専門的知見の活用の範囲内か」等五項目の主要な論点について十分な議論が必要である、との意見が寄せられたため、同年一〇月に議会基本条例検討会の委員と知事との間において、意見交換会が開催された。この意見交換会において、知事から附属機関について、「地方自治法の規定になくてもその隙間を埋めて附属機関を設置できるとの一部の学者の解釈は一般的なものではないから削除すべきである」との見解が示されたが、検討会の岩名秀樹座長は「従来から議長の私的諮問機関という位置付けで活用してきた実績があり、今回の議会基本条例制定の趣旨は、議会としてこれまでの議会改革の成果を集大成し、議会・議員が負うべき責務を県民に対して明らかにすることにあり、議会基本条例施行後の実際の運用は、改正地方自治法の趣旨に基づいた調査等を優先させることになる」との考えを示した。しかし、検討会では、最終的に「憲法及び地方自治法の範囲内において」との文言を前文に入れることで決着をみた。

### (三)「最高法規性」について

議会基本条例の最高法規性については、硬性憲法のような性質（特別多数の規定）を持たせて簡単に改正されないようにという意見もあることは承知していたが、平成一七年度の議会基本条例研究会の議論においては、いわゆる基本法と呼ばれるものと同様の法体系が望ましいとしており、検討会としては、この考え方に基づき素案を作成した。

これに関しても、附属機関等の設置と同様に知事から「最高法規性を有するものなのかどうか」という疑義が示された。素案段階では第二七条は「他の条例等を制定し、又は改廃する場合においては、この条例との整合性を図るものとする」としていたのであるが、知事側は「知事が提出する条例をも拘束するものである」との理由で、「議会に関する他の条例等を制定し、……」とすべきであるとの強い意見を出していた。これに対して、検討会からは知事に対して「基本条例は最高法規性を有しない」旨回答したが、知事側は納得せず、結局「議会に関する他の条例等……」と素案を修正することになった。

### (四)「反問権」について

首長など答弁者が議員の質問に対して当該議員へも逆に質問することを認める、いわゆる反問権(1)については、「二元代表制における議会の在り方について」最終検討結果報告書(平成一七年三月)での提言項目の中に「三重県版クエスチョンタイムの導入を行うものとする」とあり、「本会議の場において会派代表者が知事に対して県政の基本政策に係る質問を行うことを想定しており、この場合においては、知事に質問権を付与することを想定している」と記述されていた経緯がある。これを受けて、検討会の岩名秀樹座長から、「二元代表制を主張するなら、知事側にも配慮して、議会基本条例中に反問権を規定してはどうか」と提案があり、素案発表後に議論された。

しかしながら、先の「三重県版クエスチョンタイム」の提言は、議院内閣制の国政の場における与党党首である首相と野党党首との党首討論を前提にしており、「二元代表制を標榜する県議会が、議会基本条例に規定して導入するのはいかがなものか」との反対意見もあり、結局、検討会としては、今後の検討課題として最終案に盛り込むことは見送られた。

### (五)「知事等執行機関との協議の場」の設置について

重要な政策決定を行う際の知事等執行機関との事前協議の場については、議会基本条例素案を公表した時点において、野呂知事から「事前に協議してほしかった」旨の苦言が呈された。また、平成十八年十一月一日、三重県議会が開催した「地方議会フォーラム二〇〇六」において、基調講演した大森彌東京大学名誉教授から、「従来にも増して議会が政策形成機能を強めていき、予算を伴うような事柄で政策決定する場合には、どこかで事前に知事等執行機関と協議の場を設けるような仕組みが必要ではないか」との指摘があった。

この問題についても、「議会と知事が、必要に応じて協議する場（二元協議会）の設置を議会基本条例に規定してはどうか」という岩名秀樹座長私案が出され検討会で協議したが、結局、検討会としては、「二元代表制の下では、できるだけ本会議等の公開の場で議論していくことが議会としての本来的役割であることから、事前協議が必要な場合は具体的な案件が生じた場合のみ原則公開で協議していく」こととし、議会基本条例への条文化は見送られた。

（1）　周知のように、北海道栗山町議会基本条例はこの「反問権」を同条例五条二項で規定している。即ち、「議長から本会議及び常任委員会、特別委員会への出席を要請された町長等は、議員の質問に対して議長又は委員長の許可を得て反問することができる」と規定している。

# 第二章　三重県議会基本条例の意義と評価

## 一　二元代表制の下での三重県議会基本条例の意義

### （一）　二元代表制の下での地方議会の位置づけ

三重県議会基本条例（以下、本条例という）には、前文を含めて多くの箇所で「二元代表制」という言葉が使われており、これをみても本条例が二元代表制における議会のありかたを追求し、それを実現しようとする意欲が窺える。二元代表制とは、一般には、地方議会の成員たる議員だけでなく首長をも住民公選とすることで、首長も住民代表性を有することによりその権力基盤が住民に置かれるため、国政レベルの議院内閣制と異なり、首長が議会ではなく住民に政治責任を負う制度である、と説明されている(1)。

二元代表制の下での議会のありかたについて、本条例ではその前文で「知事その他の執行機関（以下知事等という）とは緊張ある関係を保ち、独立・対等の立場において、政策決定並びに知事等の事務の執行について監視及び評価を行うとともに、政策立案及び政策提言を行うものである。」と表現している。また、これを本条例の八条乃至一〇条で敷衍している。二元代表制という我が国自治体の組織構造における議会と長の関係については、両者は住民代表機関として各々の権限を分かちつつ対立して相互の抑制均衡を図る、と説明されている。ここから、議会と首長の相互抑制及び拮抗性が導かれ、それゆえに議会と首長は住民代表機関として相互に対等であることが強調されてきた。本条例もこうした二元代表制の理解に立っている。

しかし、現実の二元代表制のありように対する評価は、周知のように、議会と首長のチェックアンドバランスが機能せず首長が議会に対して優位しバランスを欠いている、と批判されてきたのであり、その見直しのために、議会の機能強化活性化が主張されてきたのである。こうした要請は、第一次分権改革における機関委任事務廃止に伴い条例制定権の範囲が拡大したという事態に加え、パブリックコメント制度の導入にも示されるように、首長サイドにおいて政策の正当性を高める方策が導入されることによって、議会と首長とのアンバランスがむしろ拡大しているとの認識も働いているように思われる。こうした状況を前提にして、本条例の制定も議会の機能強化を目指しているが、それは裏返せば議会からの危機感の表れとみることもできる。

ところで、二元代表制の下での地方議会は本来どのような位置づけにあるべきなのかについて少し検討しておきたい。地方議会は、憲法九三条に基づき住民代表機関として住民意思を体現する役割を有する。そのことから、議会は当該自治体の団体意思を決定する機関であることが承認される。他方で、既に述べたように、二元代表制の下では、地方議会は国政における国会のような「最高機関」ではなく、また同様に「唯一の立法機関」ではないということが強調されてきた。しかし、そのために、地方議会の住民機関としての意義あるいは団体意思決定機関の意味内容の検討が不十分であったことは否めない。二元代表制をベースにした議会と首長の関係を機軸とする自治体の組織構造は、一般に首長制といわれている。つまり、地方議会の位置づけを究明することは、さしあたり首長制の下での地方議会の位置づけを検討することとみてよいであろう。ただこの問題において前提となるのは、自治体組織構造をどう捉えるべきかである。伝統的に行政法学は自治体活動を「行政」作用と捉えてきたのであるが、現在の憲法理論は統治権力が憲法通じて国と地方に分かたれ、地方においても統治作用が成立することを認めているのである。そして、自治体活動を「統治」作用とみることができる(2)ならば、自治体の組織構造は統治構造としての意味を持つことになろう。そうすると、首長制を自治体の統治構造の原理として捉えねばならないことになる。

二元代表制を中核とする首長制にあっては立法機関と執行機関の分立が基本となっており、立法機関を担うのは議会ということになる。つまり、議事機関たる議会は自治体統治作用のなかの立法作用を担う立法機関とみるのが妥当であろう(3)。そうした意味において議会は本来的な立法機関であると位置づけられる。この「立法機関」性の意義は、伝統的な行政法学が自治体を行政主体としてのみ捉えそれ故に地方議会を「行政機関」と性格づけてきたことから脱却することである。

## (二)　意思決定機関としての議会の意義

自治体統治構造原理としての首長制の下では、議会が本来的あるいは第一義的な立法機関であるべきことを主張したが、さらにそれを実質化することが要請されることになる。既に述べたように、議会は住民代表性に基づいて当該自治体の意思決定機関であるとしても議会が意思決定する事項は憲法上明らかでないため、通説は、地方自治法九六条一項に列挙された議決事項を意思決定の範囲とみている。しかし、同項で議決事項とされているものには、条例制定や予算決定という立法機関としての本来的権限を確認したもの以外に同項五号乃至一四号のいわゆる行政的権限に属するものがある。後者はいわば行政主体としての意思決定事項を定めたといえるのであって、これと本来的権限とを同一条項に含めていることは、議会の本来的立法機関性と整合的ではないといえるだろう。

本来的立法機関であることを踏まえるならば、自治体の意思として重要な事項は議会の権限事項であるべきであろう(4)。それは自治体の重要政策の決定といったものであるが、これが九六条一項にないので長の権限であるという解釈は妥当でなく、少なくとも重要政策に関わることは議会の権限とみてよいであろう。本条例も議会活動の基本方針を定めた第三条をはじめ第一〇条や第一一条で政策の決定とともに政策の立案及び提言を明記している。分権改革では議会の政策形成機能の充実が要請されているが、政策の「立案」や「提言」は政策形成に主体的に関わることを意味する。もっとも、この点については同法九六条二項を活用し議会の議決事項の追加という方法で解決することもできる。例えば、栗山町議会基本条例八条は、九六条二項の議決事項について「代表機関である議会が町政における重要な計画等の決定に参画する観点と同じく代表機関である町長の政策執行上の必要性を比較考量する」としたうえで、地方自治法二条四項に基づく基本構想及び総合計画などの諸計画を列挙しているのである。

これに対して、本条例は、政策の「決定」段階のみならずその形成過程にも関わっていくことを議会の権限であると宣言しているのである。議会機能としての政策形成機能の強化が唱えられ、議員立法も増加しつつあるが、政策形成に対して議会が関わっていくためには議会事務局の充実などその条件整備も必要なことから、政策形成への取組は大規模な自治体議会に期待されるものとなっている。

## 二　地方分権改革における三重県議会基本条例の意義

### （一）　議会に関わる地方自治法改正の推移

既に述べたように、地方分権改革の課題のひとつとして、議会改革がクローズアップされている。もっとも、先の地方分権推進委員会第二次勧告（一九九七年七月）で、議会の機能強化と組織及び運営の活性化が提言されて以来、地方議会のありかたは改革課題として認識されてきたのであるが、これは、現行の二元代表制を維持しつつ議会と首長のチェックアンドバランスの回復を目指すものであったといえる。その具体化として、これまで数次の地方自治法改正がなされており、議員の議案提出要件の緩和（地自一一二条二項）、修正動議発議要件の緩和（地自一一五条の二）、定例会の回数制限を条例による開催回数に委ねること（一〇二条）、会派ないし議員への政務調査費交付の明記

（一〇〇条一三・一四項）、さらには、議案審査あるいは事務の調査のために議会が議員を派遣する制度の創設（一〇〇条一二項）などが実現した。

さて、二〇〇一年六月に出された分権推進委員会最終報告は第一次分権改革で積み残された改革課題として住民自治の拡充を挙げ、そのための検討すべき現行法制の問題として、自治体の組織機構の自由度を高めるためそれを阻害している制度規制として地方自治法の画一性や規律密度の高さを指摘した。この指摘は、前記第二次勧告の示した地方議会の活性化による議会機能の強化だけでは現行法制の枠内にとどまることになり、住民自治の拡充のためには現行組織を改革して新しい政府形態の創造までも視野に収めた議論が活発化する契機となったのである。この議論は、第二八次地方制度調査会に引き継がれた。しかし、同調査会が二〇〇五年一二月に提出した『地方の自主性・自律性の拡大及び地方議会のあり方に関する答申』は、地方議会について、議会の自主性・自律性の拡大の観点から、議会の権限並びに長との関係など議会制度の基本的事項については法律で定めるとしつつ、その組織と運営はできるだけ議会の自主性・自律性にゆだねる、と主張するにとどまった。

他方で、同調査会は、議会機能の充実を求め、その具体的方策として、①議員が複数の常任委員会に所属することの制限の廃止②委員会の議案提出権の付与③議会が議案の審査や事務の調査に必要な専門的事項について、その調査等を有識者にさせることができる――専門的知見の活用④地方自治法一七九条の長の専決処分における「議会を召集するに暇がないと認めるとき」という要件の明確化⑤議会の議会召集権の付与、などを提言した。これらは三議長会の要望でもあったが、二〇〇六年五月の地方自治法改正の際に「議会制度の充実」として、①専門的知見の活用（一〇〇条の二）②議長の臨時会招集請求権の付与（一〇一条二項・四項）③議員に複数の常任委員会への所属を認める（一〇九条一項）④委員会の議案提出権の付与（一〇九条七項、一〇九条の二及び一一〇条）⑤専決処分の要件の明確化（一七九条）などが実現した。なお、一二一条の長及び行政委員会の委員長等の議場への出席要求について、その要件につき「議会の審議に必要な」という条件を加えることとなった。これは、常態化している首長等執行機関のトップの議場への出席を少なくして、執行部と議員との議論に偏りがちであった議会審議のありかたを変えて議員相互の議論が活発化することを期待したものである(5)。

これまでの自治法改正は、議会審議の充実のために、自治法の規制を緩和しつつ――従って、その分だけ地方議会の自由度は増すことになる――必要な制度を創設してきたとみてよい。しかし、議会と首長の関係といった首長制の根幹に関わる部分についてはほとんど手がつけられていないのである。

## (二)　地方議会改革における本条例の意義

本条例も一連の議会改革の動向、言い換えると議会の自主性自律性を指向する各自治体議会の取組の達成点としての意義を有するものである。しかし、栗山町議会基本条例がその前文のなかで「地方自治法が定める概括的な規定の遵守」を明記していることから明らかなように、同条例が現行地方自治法に沿いながら独自の議会運営のルールを創造しようとしているのに対して、本条例は、現行の地方議会法制という枠を超えて、今後の三重県議会のありかたを定めようとする意識がみられる。

即ち、本条例が規定する条項のなかには、議員の任務や会派というような――個別の条項の検討は次章にゆずる――現行の地方自治法に規定されていないかあるいは地方自治法が想定していないと思われる事項について、三重県議会の判断で設けているものがあり、それが本条例の特徴でもある。特に、議論のある附属機関の設置(一二条)の規定はそれを象徴しているが、これは三重県議会が以前から議会の内部機関の設置の自由化や附属機関の設置を強く主張してきたことからすると当然の帰結であるというべきである。

ところで、議会に附属機関を設置することについては実務では消極的に考えられてきたようであるが、これは地方議会に関わる地方自治法の規定を完結的なものと捉える解釈傾向があることを物語っている。しかし、附属機関を含めたこうした議会の内部組織の形成についていえば、これを議会の組織自律権を根拠にして広く認める――地方自治法に抵触しない限りで――べきであろう。即ち、議会の自律権の一環として承認されている組織自律権に基づいて、議会の内部組織事項につき各議会が必要とする内部組織を独自に形成することが本来認められるべきである。そうすると、議会の内部組織について地方自治法がすべて規律し尽くさねばならないとみるべきではなく、各自治体議会に形成の余地を残していると解することになる。つまり、議会の附属機関の設置は、立法者が沈黙しているのであって、設置が否定される理由にはならない(6)。このようにみていくと、本条例の附属機関の設置規定は、地方自治法の関係規定を完結なものと考えてきたこれまでの傾向を自覚的に改めようという姿勢の表れであり、議会の組織自律権を顕在化したものとして、評価することができよう。

（1）　辻山幸宣「二元代表制と地方議会」地域政策――あすの三重二〇〇一年秋号四頁以下参照。

（2）　自治体活動を単なる「行政」とみるのではなく「政治」を含む統治作用とみる見方に関わって、以下の首長の権能に関する議論をみておきたい。憲法上議会の権能と同様に首長の権能も明記されていないが、渋谷秀樹教授は、憲法六五条の内閣に属する『行政権』の意味内容についてそれを「執政」と捉えて「行政権（administrative power）」ないし「行政執行」と区別する近時の憲法学の動向を踏まえて、首長の権能について、地方自治法一四七条の長の統轄代表権を単なる儀礼的権限ではなく「執政」という政治的権能として政策の決定・執行の監督を内容とするものと捉え、同法一四八条に定める長の事務の管理・執行（＝「行政」）権限と区別するとともに、一四七条の権限をそのようにみる根拠を首長の住民公選制に求めている（渋谷秀樹「地方公共団体の組織と憲法」立教法学七〇号二二四―八頁）。

このように憲法上の首長の権能に政治的権限を認め、それを住民公選制に求める見方からすると、地方議会の権能もまた政治的なものとみなければなるまい。これは当然のことなのであるが、敢えて触れるのは、従来から前記一四七条の代表権について政治的代表権と性格づけ、それとの関連で首長の政治的意思決定権能の広汎性を強調することがあり、そのために地方議会の政治的意思決定権能が矮小化されてきたのではないかと思われるからである。

(3)　憲法の規定から、自治体のどの機関に立法機能が配分されるのかは明らかではなく、議会が立法機能を独占しているとはいえないが、首長が首長制における執行機関として認められる（首長制における本来的執行機関）とするならば、立法権は少なくとも第一義的には議会に配分されているとみなければならないであろう。

(4)　詳しくは、拙稿「二元的代表制の再検討」日本地方自治学会編『分権型社会の政治と自治』（敬文堂、二〇〇四年）七頁以下参照。

(5)　この点について、三野靖「二〇〇六年地方自治法改正の課題」自治総研三三八号五四頁を参照。

(6)　この点について、詳しくは拙著『地方議会の法構造』（成文堂、二〇〇六年）一八〇―一頁を参照されたい。

## 三　議会基本条例制定の必要性

本条例制定以後、都道府県レベルでは福島県で制定され（二〇〇八年七月）、市町村レベルでもかなりの自治体で制定されるようになったが、なお検討中のところも多いようで[1]急速に拡大するのか判然とはしない。議会基本条例の制定が躊躇される一つの理由として、制定の動きが加速している自治基本条例のなかに、議会の機能及び役割や運営原則さらには議員の責務といった議会に関する規定を置いているものが多くあるため、自治基本条例のほかに議会が敢えて議会基本条例を制定する必要性がないという意識が働いているものと思われる。しかし、議会が議会基本条例を制定すべき客観的な法状況が以下のようにあることも指摘しておかねばならない。

### （一）　地方議会の組織運営に関する法整備の必要性

### ①　地方議会法制の不備

議会基本条例は、議会活動についての基本を定めるものである、と一応定義づけることができるが、本条例も第一条において「議会に関する基本的事項を定める」としている。このことは、議会活動を基礎づける議会の位置づけやその活動原則というものが地方自治法からは十分に明らかでないばかりか、長の議会招集権や長の専決処分制度みられるような地方議会改革の一環としての議会の自立的運営の要請とは相容れないと思われるものが依然として存在するなかで、議会が自らの意思に基づく議会運営を行使するためには現行法制度には限界があるということを自覚した結果であるともいえるのではないか。これまで、議会の組織及び運営は地方自治法及び標準会議規則によって専ら規律されるべきであるという通念が、少なくとも議会関係者の間では支配していたように思う。因みに、地方議会法に関係する規定をその法形式の観点からみると、第一に、現行地方自治法九二条以下の議会関係規定（さらには長との関係の規定を含む）があり、さらに、地方自治法の規定により各議会に制定を委ねられた条例群がある。議員定数条例、委員会条例、同法九六条二項に基づく議決追加の条例などがこれにあたる(2)。第二に、会議規則と傍聴規則がある。地方自治法自身が条例という法形式ではなく、規則という形式に委任しているものである(3)。なお、会議規則は地方自治法規定を前提にした会議運営に関するものであり、議会活動全般にかかわるものではない。因みに、会議規則に関する規定は既に市制六三条及び町村制五九条にあり、それは市町村会に会議規則（及び傍聴人取締規則）を設けることを義務づけていた(4)。これに対して、第三に、地方自治法が明示的には条例に委任していないときでも議会関係の条例が制定されている場合もある。例えば、事務局設置条例、政治倫理条例を挙げることができる。なお、以上の議会関係条例の細目については、規程(5)という形式のほか、要綱、要領といった内規としての性質をもつにすぎないものが制定されている。会議運営については、さらに各議会で取り決められた「申し合わせ」といったもので慣例上規律されている場合もある。

以上の諸々の法形式による規律に基づいて各議会の組織運営がなされているものの、現実の運営は、前記の地方自治法の議会関係規定及び会議規則を中心に行われ、それを遵守することで統一的な議会運営が図られることになっていた。要するに、組織運営について、地方自治法の授権のある場合を除いて、独自の議会運営のための条例化には消極的姿勢であったということができよう(6)。この状況は、地方自治法の議会関係規定及び会議規則が組織運営の最低基準として捉えられているのではなく、「枠」としての機能を果たしてきた証左であるといってよい。例えば、内部組織についていえば、附属機関は地方自治法上執行機関に付属するものだから議会は創設できないという通念があるためか条例化されず申し合わせ事項において扱われてきたし、会派についても条例化することは避けられてきたように思われる。もっともこれは、地方自治法のなかに、各議会に対して会議規則以外に組織運営の詳細を授権する規定が存在しないことによるのかもしれない(7)。これを規定の不備とみるかはともかく、かかる授権の不存在が「枠」をはめるという理解につながるわけではない。地方議会は、自治権を背景にした議会自律権によって議会は自らその活動に関して本来自由に規範を制定できるのであって、それが地方自治法に抵触しない限り可能であることは自覚されなければならず、議会基本条例はかかる自覚を促す契機と捉えるべきであろう(8)。今回の議会基本条例が地方議会法制に与える意義は、それによって独自の議会運営の姿勢をみせるだけでなく、独自の議会法制が展開される可能性を開いたところにあると思う。

### ②　地方議員の法的性格の不明確さ

地方議会法制の不備について議会の組織運営面について論じてきたが、地方議員の法制度においてはその中核的要素であると思われる議員の性格面での規定が不備であることから混乱が生じているといえるのである。

地方議員の法領域は、これまで常に国会議員との異同が論じられ、地方議員の法的性格についても主に国会議員との違いに焦点が当てられてきたが、その結果として地方議員の法的性格の議論に深化がみられたとは決していいえない。筆者は、この問題について、地方議員が全住民の代表であること（住民代表性）では国会議員とその質的同一性がみられることに同意しつつ、地方議員の法的性格が住民代表性だけから規定されるのではなく、いわゆる「公務的」要素を併せ持つ性格であることを見逃してはならない、と考えてきた。この「公務的」要素なるものを徴表している地方自治法規定として、同法二〇三条(9)（執筆時）を挙げることができる。この条文では、地方議員も非常勤の職と同様に「報酬」が支給され費用弁償も支給されることとなっている。つまり、報酬は職務遂行の対価として支払われることから、地方議員についてもその職務の副職性が推認されることとなるが、このことが地方議員を今もなお――公務としての――名誉職であると主張される根拠になっていると思われる。しかし、同条四項では、地方議員に限り、常勤職への支給が本来である期末手当の支給を認めているため、副職性は相対化しているといわざるをえない。これは議員――特に大規模自治体の議員――の果たしている職務の実態に合わせようとした結果、副職性の前提である名誉職から導き出されるはずの「報酬」制度あるいは「費用弁償」制度と齟齬をきたすこととなっているためである。この限りでは、現行地方自治法の地方議員の処遇面から地方議員の職務を性格づけることは無理があるように思われる(10)。

もっとも、本年六月の地方自治法改正において、先に述べた同法二〇三条から議員に関する部分が新設の二〇三条の二に移り、議員の処遇が定められることとなったが、そこでは新たに「議員報酬」という用語が用いられており、非常勤の「報酬」と明確に区別されることになった。しかしながら、この改正によっても地方議員の法的位置づけが明確になったわけではない。それ故、地方自治法に議員の法的位置づけを設けることが望ましいという意見(11)も検討すべきである。もっとも、議員の法的位置づけは議会の位置づけとも密接に関係するため、立法的に解決することは容易ではない。都道府県議会議員について、国会議員に近似する「公選職」とすべきであるとの提案があるが、市町村議会議員と区別すべきかも含め検討すべき点が多い。こうした状況を受けて、とりあえずは各地方議会が議会基本条例で自らの議員の身分について規律する可能性があると思われる。

（二）　地方議会と住民の関係の明示の必要性

二元代表制の趣旨からすると、議員は住民に対して政治責任を負うことになるが、議会と住民との関係を明示する規定が地方自治法にはない。これは、議会は住民代表機関であるからあえて住民との関係を明文化する必要はないとの判断であるともいえるが、議会が政策形成能力を強化するためには究極的には住民の協力賛同が必要であるので、やはり明文化が望ましいであろう。また、議会は、住民から遊離した存在にならぬよう住民からの監視を受けつつその意向を吸収集約することに努めなければならない。但し、各議会と当該住民の関係は、それぞれ状況が異なるため、各議会が自らの判断で妥当な関係を構築していくべきものであるから、それを議会基本条例に明記することは意味のあることであろう。

（三）　政策形成機能強化への対応

既に述べたように、地方分権改革の下での議会機能強化論においては、議会の監視機能のほか特に政策形成機能の充実が強く主張されてきた。これは、議員による独自条例制定の増加という形で徐々に実現されていると思われる。確かに、議会の政策立案能力の向上を目的として学識経験者の協力を得るという形での「専門的知見の活用」が一〇〇条の二に規定されたが、これは政策形成機能を向上させる一手法にすぎない。そもそも、政策形成機能を地方議会が担うことを地方自治法は想定していなかったと思われる。そのため、地方自治法の構造では、議会は長提案の議案の審議機関――実際には単なる追認機関ではないかと揶揄されてきたことはさておき――にすぎないのが現実であった。

従って、政策形成機能を十全に機能させるためには、地方自治法に議会の性格づけ――既に指摘したように、筆者はこれを本来的立法機関と性格づける――を明確化させることが必要であろう。しかし、それが欠如している以上、議会基本条例によって対処する必要があろう。なお、本条例は、附属機関や調査機関の設置あるいは事務局の充実により政策形成機能を強化しようとしている。

(1)　自治体議会改革フォーラムと朝日新聞が共同実施した全国アンケートによると、二〇〇八年四月までに議会基本条例を制定した市町は一六である。但し、一二八の自治体が同条例の制定を検討しているといわれている。
(2)　これらの条例のさらに細目的なものについては長の規則や議会独自の規程などの形式が利用されている。なおこの点やや問題として指摘されてきたのは、議会が独自に制定する政務調査費条例の施行運用のための「規則」の制定を議会ができないとされていることである。つまり、議会の一般的な規則制定権はないと解釈されていることを問題視する見解がある。加藤幸雄「分権改革と地方議会」今村都南雄編著『現代日本の地方自治』(二〇〇六年、敬文堂) 一九九頁以下。
(3)　会議規則と傍聴規則を規則ということで長に規則と同列にみている考えもある。しかし、会議規則も傍聴規則も議会という会議体の内部的規範であるから長や委員会の規則規程とは異なると思う。
(4)　入江俊郎・古井喜実『逐条市制町村制提議』(昭和一二年、良書普及会) 一〇二九頁によると、この規定は、「市町村会内部の自治的規則の関する規定」という。会議規則の規定内容として、会議手続、会議順序、採決方法、議員の動議提出方法、議員の発案方法などを挙げている。会議規則の歴史的経緯を踏まえると、会議規則は議事運営に関する事項にその範囲が限定されているものであり、議会活動全般について定めることはできない。
(5)　議会内の法制定形式についてであるが、議会に「規則」の制定はできないとされているとしても、条例のほか、条例の施行運用に関する法形式の名称を「規則」でなければならないはずはなく、「規程」という名称でもよく、要は、内部的規範であるから、自治法に名称がないものでもいいと思われる。
(6)　但し、議会関係者の間では、議員定数条例、定例会の招集回数条例、委員会条例、会議規則、傍聴規則等で定められている議会運営について、その骨格的部分を「会議条例」として体系化すべきであるという認識は、以前から生じていた(例えば、平成一四年制定の「横須賀市議会会議条例」)。これは、議会基本条例制定への過渡期的なものと位置づけることができよう。

(7) ドイツ・ゲマインデ(市町村)議会の法構造についていうと、各州ゲマインデ法にゲマインデ議会についての詳細な規定が置かれている。ゲマインデ議会に我が国の会議規則に相当するGeschaeftsordnungを制定することが認められている。法制上、ゲマインデ議会は合議体の行政機関と性格づけられるため、なるほどGeschaeftsordnungも行政内部規範ということができる。しかし、Geschaeftsordnungの対象領域は、我が国の会議規則のような会議運営に関する事項に限定されているのではなくゲマインデ議会の内部組織も含まれる。従って、会派もこれに含まれる。但し、各州のゲマインデ法には会派に関する規定を有するものもあり、それに反して定めることはできない。E・シュミット・アスマンによれば、Geschaeftsordnungは法律(ゲマインデ法)の授権なしにゲマインデ議会の固有の組織権を根拠にして制定することができる、という。E. Schmidt-Assmann, Kommunale Rechtsetzung im Gefuege der administrativen Handlungsformen und Rechtsquellen —— Aufgaben, Verfahren, Rechtsschutz, 1981, S. 33f.

(8) この点で、憲法九二条により自治体の組織は法律で定めると規定していることから、議会の組織運営も法律によるべきであるとの異論が予想されるが、結論的にいえば、議会の組織運営が原則的には地方自治法にゆだねられるとしても、地方自治法が「沈黙」している場合は、各議会は自らの自律権に基づいて組織運営を形成する自由が認められるべきと考えてよい。詳細については、拙稿「憲法上の地方議会と改革課題」自治体問題研究所編『ここから始める地方議会改革』(自治体研究社、二〇〇七年)二二頁以下を参照されたい。

(9) 執筆時点における地方自治法二〇三条であり、議員に関する処遇を非常勤から分離し、二〇三条の二が新たに設けられた平成二〇年改正は後に触れる。

(10) 地方自治法上の地方議員の職務の不明確性(但し、本年六月の改正前)を指摘するものとして、大森彌「自治体議員の『職務』—— 固定観念の打破に向けて ——」議会政治研究八四号六七頁以下がある。

(11) 大森前掲七一頁。

## 第三章　議会基本条例の個別的問題点

### 一　議会基本条例の主な内容

本条例を含めこれまで制定され、または制定案に盛り込まれた議会基本条例の規定内容を分類すると、概ね、議会審議（原則）に関するもの、議員活動に関するもの、議会機能の充実強化に関わるもの、議会と長その他執行機関との関係に関するもの、議会と住民との関係に関するもの、さらには議会基本条例の位置づけ（または性格）に関するものに分けることができる。もちろんそれぞれの議会基本条例の規定の仕方や内容は一様ではないが、基本条例という性格上、原則的訓示的な規定振りが多いといえる。

議会審議原則に関する規定は、地方分権改革で指摘された議会審議の活性化という要請を受けたものであり、議会基本条例には欠くことのできないものであろう。もっとも、審議に関しては、地方自治法及び議会規則に規定があるので、基本条例の規定は抽象的な規定振りとなっている。具体的にいうと、審議の透明化・効率化を謳うものがあるほか、議員間の自由討議の拡大を強調する規定がある。議員活動に関する規定では、議員の責務又は職務に関する規定が挙げられる。このなかには議員の政治倫理規定や政務調査費の規定も含まれよう。また研修の充実を挙げているものもある。さらに、本条例では五条に会派に関する規定が盛り込まれた。

議会の機能強化については、既に述べたように、政策形成機能について専門的知見の活用が一昨年の自治法改正で盛り込まれたが、十分とはいえない。議会の政策形成力を高めるために、法定外の内部機関の設置や議会事務局の調査機能強化などが考えられる。特に前者について、本条例では附属機関の設置（一二条）と調査機関の設置（一三条）が挙げられる。

議会と執行機関の関係に関するものでは、議会審議における一問一答方式を規定するものや執行機関側に議員質問に対する反問権を付与する規定などが注目されている。要するに、議会と執行機関との緊張関係を築く目的で規定されたものということができよう。住民との関係に関する規定は、住民の議会への参画という側面のほか、議会活動を住民に積極的に公開し、さらには議会主催の住民説明会の実施のように住民への働きかけを行うものも含まれる。最後に、議会基本条例の位置づけについては、これに議会法規における最高法規性を持たせることができるかが問題となる。既に制定された議会基本条例のなかには、最高法規であると明定するものがあるほか、いわゆる配慮規定にとどまるものもある。

以下では、議会基本条例の主要な規定内容のなかで、検討すべきいくつかの論点を取り上げて論じることにする。

## 二　議員活動の諸規定

### (一)　会派

本条例第五条は、会派に関して、第一項で「議員は議会活動を行うため、会派を結成することができる」と規定し、同第二項で会派は政策立案等について会派間で調整し合意形成に努めるものとする、と定めた。

一般に、会派は、議会内において政治的信条を同じくする議員によって結成される同志的集団である(1)といわれる。即ち、会派が結成されるのは議員が議会内での自らの政治的活動を強めその支配力を獲得するという目的があることは異論がないであろう。従って、会派は、多くの場合、政党を基盤として成立するものである。もっとも、会派がその機能において、多様な住民意見を集約し議会の意思形成に反映させる面をもち、政策集団としての役割も期待されていることは事実である[2]。また、議会運営が会派を単位としてなされていることも周知であり、各議会において、会派代表者による会議などが組織され会派間の調整にあたっている。現に、議員提案による政策条例が制定される際には、各会派内での意見集約の後、当該条例内容の原案作成から確定まで会派間の調整がなされているようである。

にもかかわらず、会派それ自体の定義づけを含めて、会派の議会内での地位や権限及び責務などが地方自治法に規定されず[3]、標準会議規則にも規定がない。その限りでは、会派は現行地方議会法のなかで正規の存在とはいえない状況にある。地方自治法や標準会議規則に会派の規定がないのは、議会の構成単位があくまで議員であるとの認識があるものと思われる[4]。従って、例えば、委員会委員の選任についても委員会条例で会派の所属議員数により会派に按分されると定められることはなく、議長による委員の指名という結果のみが定められているのが通例であろう。

しかし、会派の存在を前提にして、例えば議事運営を調整する議会運営委員会や会派代表者会議の取り決めなどでは、会派に関する定めが置かれているであろう。そこでは、議会内で交渉を行う会派の人数や会派代表者を議長へ通知することなどが定められるのが通例であろう。

本条例は、制定過程をみると、こうした状況を前提にして会派をいわばフォーマルなものとして位置づけようとしたことが推察される。しかし、本条例において会派の定義規定は見送られてしまった。政党をベースにする会派を法定化することの難しさが看取できる。また、会派が議員の自主的な意思によって成立することを考慮するならば、――従って会派強制がなされないならば――会派を規定することには消極的な対応となるだろう。しかし、前述のように会議運営において会派は不可欠な存在であることを重視するならば、会派の規定を置くことは不可避ではなかろうか。因みに、最高裁判所は、近時、仙台市議会において政務調査費により調査研究を行った場合に議員が自らの会派に対して提出することとなっている調査研究報告書が本案事件たる住民訴訟事件の違法性の立証に必要であるとして原告住民より文書提出命令の対象として申立てられた事件のなかで、調査研究報告書を市長に送付することを予定していないことの趣旨について、「議会において独立性を有する団体として自主的に活動すべき会派の性質及び役割を前提として、（略）……調査研究報告書には会派及び議員の活動の根幹にかかわる調査研究の内容が記載されるものであることに照らし、議員の調査研究に執行機関からの干渉を防止する……[5]」と述べている。つまり、最高裁は、会派について、明確な法制がないにもかかわらずその活動を承認したうえで、その調査研究活動が執行機関等から干渉をうけ自由な活動が阻害される恐れがあることを認めているのであって、これは、結果として会派の調査活動の自由に配慮することを求めたものと思われる。このように、会派は地方議会の法制度としていわば「認知」されているのであって、議会基本条例においては積極的な対応が必要である。

伊賀市議会基本条例五条では会派は「政策を中心とした同一の理念を共有する議員集団として活動する」ものと規定している。また、福島県議会基本条例は、一一条二項で会派間の討議と調整を求め、同四項では会派に政策等に関する広範な情報収集と調査研究を求めている。こうした定義規定会派の活動原則規定以外に、会派の成立に必要な最少人数、議会における会派の権利や義務、会派と会派所属議員の関係など、扱うべきものが多いと思われる。

**(二)　議員関係規定について**

会派以外の議員に関係する規定も議会基本条例で定められている。本条例においても、第二章「議員の責務及び活動原則」の第四条に議員としての責務と活動原則を定め、さらに議員の責務については、一五条、一六条及び二四条に具体的規定がある。これらの規定は議員活動における行動規範としての意義をもつ。

議員に関しては、既に述べたように、地方自治法に地方議員の法的位置づけを定める規定などが設けられず、議員がいかなる責務を有するのかも明らかではない。このように地方議員をめぐる法的環境の未整備な状況が明らかであり、地方分権改革において議会改革の重要性が唱えられていることに鑑みれば、地方議員の法的位置づけの解明は喫緊の要請であろう。議会基本条例制定の意義の一つは、かかる地方議員の不十分な法状況を立法的に解決することであるともいえる。しかし、既存の議会基本条例をみるかぎり、地方議員の法的位置づけとしては、抽象的な住民代表性を謳うことにとどまっている。

## 三　議会の機能強化について

### （一）　附属機関

本条例の一二条乃至一四条は、議会の機能強化のため、外部からの知見を活用するために、地方自治法には規定されていない——いわば「法定外」の——内部組織について定めるものである。会派を単位とする議会運営を効率的ないし円滑に行うために、どの議会にも全員協議会や会派代表者会議といったようなインフォーマルな組織がつくられていた。こうした組織は議事の取扱に関する非公式の協議の場という性格をもつ。もっとも、本年六月の地方自治法改正で一〇〇条一二項が新設され、こうした協議の場を会議規則(6)に定めることができるようになったことは評価してよい。しかし、本条例の一二条乃至一四条に規定するものは、議事や協議には直接関わりのない組織である。むしろこれは議会の政策形成機能や監視機能を高めるために設けられるものであって、それが、審査、調査および諮問という目的であっても、議会の審議の組織たる委員会とは異なるものである。これらの内部的組織について否定的意見が強いことは既に第一章で触れたが、それは、議会組織は法定のものしか認められないという通念が存在することに尽きるであろう。確かに、議事手続それ自体に関する組織は非公式なものを設けるべきでないと考えるが、ここでいう内部組織は議会機能の強化を企図したものである。既に触れた地方自治法二〇〇六年改正で盛り込まれた専門的知見の活用は、議案の審査又は当該自治体の事務に関する調査のために必要となる専門的事項に係る調査をするとき（法一〇〇条の二）であるから、これが常設的な性格をもつとはいえないであろう(7)。一方、これら内部的組織が各議会の組織自律権に基づいて設置しうることは既に第二章で述べた。以下では附属機関を設置に関わる一般的問題点――従って、議会基本条例に規定されているか否かに拘らず――について少し検討することにしたい。

議会の組織自律権を根拠に附属機関を設置することができるとして、一般論としてまず問題となるのは、法的根拠を何におくべきかである。換言すれば、条例を根拠にすべきであるかそれ以外でも可能か、即ち議決や内規的なものでもいいか、ということである。地方自治法が執行機関の附属機関については法律又は条例に基づくとしている（附属機関条例設置主義）こととの均衡を考えるならば、やはり条例を根拠とすべきであろう。また、この点は、条例に基づかない附属機関、即ち事実上の附属機関や準附属機関と呼ばれる多くの機関が自治体には存在することに対して、そうした機関の委員に支払われた報酬や報償費が附属機関条例設置主義に反した公金支出であり違法であるとした住民訴訟の判決(8)が出されていることも考慮すべきであろう。

次に、附属機関は、直接議会の下に置くべきか、それとも議長の下に置くべきかである。これについて本条例は、一二条で「議会は、議会活動に関し、…別に条例に定めるところにより、附属機関を設置することができる。」としており、設置される附属機関の根拠となる各々の設置条例の定めに任せている、とみることもできるが、直接議会の下に置くというのが立法者意思というべきであろうか。因みに、筆者（駒林）は、議会基本条例が存在せずとも議会の附属機関は設置できるという立場であるが、議会基本条例が存在しない場合には、附属機関は議長の下に置かれるべきであると解していた。理由は、附属機関の設置を究極的には議長の事務統理権(9)のなかに含まれうるものと考えてきたためである。つまり、附属機関といういわば行政機関的なものは、議長に付置させる方が地方自治法の趣旨と整合的であるとみてきたからである。

ところで、本条例一二条によれば、附属機関は、「議会活動に関し、審査、諮問又は調査のため必要があると認める」場合に設置されることになっている。これは、議会の政策形成機能や団体意思決定機能が十全に発揮されるように議会活動に関して審査、諮問、調査が必要であると自ら判断した場合に各々設置されるのであるから、個別具体的な審議事案に直接関係あるものという意味ではない。即ち、個別具体的な案件とは関わりなく、今後議会の意思を形成していくうえで専門的な調査等が必要となるため、議会が自らの判断で取り上げる事項について設置するものであり、常設的なものが念頭に置かれているのである。一二条の附属機関として想定される一例は、第一章にも触れたように、議会情報に関わる情報公開審査会である。もっとも、三重県は既存の情報公開条例における実施機関に議会を含めているため、設置の必要性は乏しいといえる。

なお、附属機関の構成員は自治体外部の学識経験者を想定するのが通例であろう。本条例一二条には明記されていないが、同様である(10)。本条例の場合、一三条及び一四条の規定との対比から、議員は附属機関の構成員には想定されていないといえる。

### (二)　調査機関

本条例一三条の調査機関は、議会の議決によって設けられるものである。この点では、二〇〇六年改正で設けられた地方自治法一〇〇条の二の「専門的知見の活用」の一形態とみることができる。因みに、監視権の一環としての一〇〇条調査権は、執行機関の事務執行における特定の事案に対するものであるのに対して、本条の調査機関は議会の政策形成能力の充実に関わるものであるから、具体的事案の真実究明等の調査とは次元の異なるものであるといえる。また、設置の要件としては、「県政の課題に関する調査のために必要があると認めるとき」となっており、一二条の附属機関の設置目的である議会活動に関する審査・諮問・調査とは異なり、県、政、課、題、の調査という見地から設けられるものである。

本調査機関の構成員については、本条第一項及び第二項により、原則的に学識経験者としつつ、必要なときには議員も構成員に加わることができるとしている。これも第一章で触れたように、三重県議会には既に学識経験者と議員で構成する「公営企業事業の民営化検討委員会」が設置されており、これを念頭に置いた条項となっている。

なお、本条例一三条の調査機関は、議長の下に置かれることが想定されているといえる。なぜなら、設置根拠を議会の議決に求めており（第一項）、調査機関についての詳細な定めを議長に委ねている（第三項）からである。

## 四　議会と長等執行機関の関係

議会と長等の執行機関との関係を規律する規定については、二元代表制の下での両者の緊張関係を理念的に述べた規定もみられるが、さらに、審議における質疑応答に関して一問一答方式を明記したり、議員質問に対応する執行機関の反問権を明文化しているものが目立つ。

しかし、執行機関との関係で注目すべきは、議会が重要な計画や政策などの議会審議のためにその政策等の必要な情報――論点情報――を執行機関から提供を受けることが明記されることとなり、さらには重要政策の政策形成過程における議会関与の保障を規定する議会基本条例が現われたことであろう。これは、栗山町議会基本条例六条において、町長が議会に政策等の提案をする際に、政策等の決定過程を説明するように務めなければならないとし、政策等の内容のみならず、他の自治体との比較や財政上の措置などの情報の提供を定め、かかる情報を元に、議会は、政策等の論点争点を明確にし、執行後の評価に役立つように審議することに務めるように定めたことを嚆矢としている。その後、こうした政策等の審議のための論点情報について説明すべき努力義務は、例えば、北名古屋市議会基本条例八条にみられるように、議会側の説明要求という規定の仕方になってくる(11)。ともあれ、これらの規定は、議会審議での論点の明確化とともに政策等の公正性透明性の確保を目指しており、議会の監視機能の向上に繋がるものである(12)。一方、湯河原町議会基本条例五条は、第一項で「町長その他の執行機関は、総合計画、公共事業その他重要な政策を決定しようとするときは、あらかじめ議会又は議員の意見を聴くように努めなければならない。」と定めるとともに、第三項では「議会は、町長が政策案を議案として提案し、又は意見を聴くために提示したときは、当該政策の必要性、当該政策の妥当性（代替案との比較検討の結果を含む。）、当該政策案に係る費用対効果その他必要な事項について検討し、議決又は意見に反映させるよう努めなければならない。」としている。政策立案過程においていわゆるパブリックコメント手続が多くの自治体で実施されるなかで、執行機関の立案する政策の形成に議会も関与していくことは大きな意義を持つと思われる。

逆に、議員提案型条例を促進する観点からも、議員立法の審議における執行機関側の意見反映の機会をいかに確保するかが考慮されるべきであろう。意見反映の必要性は、全ての議員提案条例に該当するとはいえないものの、条例執行には通例予算を伴うのであり、また条例実施のために執行機関側の事前了解も不可欠であると思料されるからである。もっとも、二元代表制の下での長と議会の対峙的構造において、安易な意見反映は馴れ合いに陥る恐れがある。しかし、議員提案型条例では、発案から議決まで議会のみで意思決定されてしまうため、長には再議権があるとはいえ、執行機関側の意見反映手続は必要であろう。この点は、議会審議段階における何らかの手法が考えられてよい。

## 五　議会と住民との関係

近時の地方議会改革では議会が住民とどのような関係を構築すべきかが大きな課題となっている。二〇〇五年一二月に提出された第二八次地方制度調査会の「地方の自主性・自律性の拡大及び地方議会のあり方に関する答申について」においても、現状の議員構成が多様な民意を反映するものになっておらず、住民参加の取組の遅れが指摘され、議会の意思と住民の意思が乖離しないような努力が必要である、と説いている。議会が住民代表機関であることは言うまでもないが、地方自治法に議会と住民との関係を明示した規定がないこともあって、制定された議会基本条例には必ず議会と住民との関係に触れる規定が置かれている。自主性を強調するのであれば、住民との関係の規律も各議会の判断に委ねるべきであろう。議会改革において要請されている議会活動の充実強化が議会の政策形成能力の向上を主たる内容とするものであっても、それは議会と住民との密接な関係を基盤として初めて実現できるものであることは疑う余地はなく、多様な手法による住民との関係強化が必要となってくる。

議会と住民との関係に関する議会基本条例の規定は、こうした住民との関係強化を前提にして、①住民が議会活動に参画することを保障し、また②議会が住民に対してその活動について説明責任を果たすことを内容としているとみることができる。①は、議会審議に住民の意見を直接的に反映させることを目的としたものということができる。具体的方策としては、委員会での公聴会や参考人の活用のほか、請願及び陳情を住民からの政策提案とみて提案者の意見陳述の機会を付与することなどが注目される。②の議会としての説明責任に関しては、インターネットを通じて議会の有する情報を積極的に開示することや委員会傍聴など、議会の公開性を高める取組が進められている現状を踏まえて、これらを規定化することがなされてる。さらに、議会から住民への積極的な働きかけという側面でいえば、住民への説明会や報告会といった住民との交流の場が試みられており、そこでの議会からの情報提供と住民との意見交換による民意の吸収が期待されている。

なお、①の住民の議会への参画という観点については、本章三で検討した附属機関への住民の参与という方策が挙げられる。つまり議会の下に設置されることになる附属機関たる審議会等の委員に一般住民が加わるのである。

## 六　最高規範性

既に制定された議会基本条例のなかには最高規範性を謳うものがある。例えば、今金町議会基本条例一七条は「この条例は、議会運営における最高規範であり、議会は、この条例に違反する議会の条例、規則等を制定してはならない(13)。」と規定している。議会基本条例が「最高規範」であるという場合、このように形式的効力の面から他の議会関係条例等に対する優位性を指すのが一般的であろう。言い換えると、議会基本条例に抵触する議会関係条例等は無効となるという意味である。「最高規範」性は、さらに、当該議会基本条例を改廃する際に、一般の条例とは異なりその改廃の手続を加重するなど、改廃を困難にすることも含まれることがある。

まず前者について、即ち、議会基本条例に他の議会関係条例等に対する優位性を付与することができるかについては、自治基本条例における議論が参考となる。自治基本条例を当該自治体の最高規範と位置づけ、当該自治基本条例に反する条例を制定できない、と定めることが可能か否かは、活発に議論されてきたところである。しかしこの点、地方自治法は条例相互の形式的効力の優劣を定める規定を持たず、従って、法的効力に差異を設けることはできないと解するのが一般的である。また、実際に制定された自治基本条例の多くも最高規範であるとは謳うものの、形式的効力には触れず、例えば、三鷹市自治基本条例三条一項が「この条例は、市政運営における最高規範であり、市は、他の条例、規則等の制定並びに法令、条例、規則等の解釈及び運用に当たっては、この条例の趣旨を尊重し、この条例との整合性を図らなければならない。」と定めているように、自治立法権の行使において自治基本条例との整合を遵守することを要請するにとどまっているのである(14)。

議会基本条例と他の議会関係条例等との関係もこの議論が妥当しよう。即ち、議会基本条例と他の議会関係条例との間の法的効力に優劣はなく、従って、上記の今金町議会基本条例一七条のような規定を設けても議会基本条例に違反する他の議会関係条例が無効であるとはいえない。そうすると、これは、あくまで宣言的な意味に過ぎないということになる。最近制定された福島県議会基本条例も、第一条の目的規定のなかで、「この条例は、議会における最高規範として、議会の基本理念及びその実現を図るための基本となる議会の機能、議会運営の原則、議員活動の原則等を明らかにし、……(略)」というように、最高規範であることを明言するものの、他の議会関係条例との効力関係には触れることなく、宣言的な意義しかないといえる。本条例二七条も「議会に関する他の条例等を制定し又は改廃する場合においては、この条例との整合を図るものとする(15)。」としているが、この条文には他の議会関係条例等と本条例とは並列する関係にすぎないという解説が付せられている。また、湯河原町議会基本条例一五条二項は、基本条例の目的や原則に沿って議会運営が行われているかを不断に点検するように求めているが、これは法的効力について不問とし実質的に最高規範になるような工夫とみることができる。最高規範性は、全ての議会関係条例に対するものではなく議会運営に関係する条例に対していわれているのであるとしても、議会運営は議会自律権を根拠にして議会の条例提案の専管事項とされていることから、最高規範であることの実質的意味が当該議会の将来の議会運営を自己拘束することにあるならば、消極的に解せざるを得ない。将来の議会の条例制定への制約につながる恐れがあるからである。

他方、後者、即ち改廃手続の加重は、自治基本条例においても、「最高規範」としての実効性を確保するためにその改廃を容易にさせない仕組として主張されることがある。ここでも問題となるのは、自治基本条例を改廃する場合に地方自治法一一六条の議決要件における特別多数決とすることが可能かということである。これも、将来の議会の意思決定への制約であることを理由に、地方自治法で法定されていない以上認められないとするのが通説である(16)。既存の自治基本条例においてもこうした加重を規定するものはない。これに対して、南川教授は、一一六条の特別多数決の例外を設けることは可能との立場を表明されている。その根拠として、団体意思の決定方法は本来自治体の自由に委ねられているのであって、条例制定手続についても法令に反しない限り自由であるとする(17)。

本条例を含め既存の議会基本条例において改廃手続の加重を規定するものはない。もっとも、伊賀市議会基本条例では、基本条例の改正案を「本会議において、改正の理由及び背景を詳しく説明しなければならない」（二三条三項）として、説明責任の面から一般条例よりも基本条例の改正の重要度を増す工夫がなされている。

（1）　東京地判平成一〇年一〇月三〇日判例自治一九〇号四七頁。
（2）　政策提言を期待している規定を有している例として、北名古屋市議会基本条例四条二項は「会派は、積極的な政策提言等により市議会運営を行うものとする。」と定めている。
（3）　但し、一〇〇条一二項（二〇〇八年六月改正後は一三項）の政務調査費の支給先として、会派が規定されている。
（4）　野村稔『地方議会への二六の処方箋』（ぎょうせい、二〇〇〇年）一三四頁。
（5）　平成一七年一一月一〇日民集五九巻九号二五〇三頁。
（6）　改正により新設された一〇〇条一二項は「議会は、会議規則の定めるところにより、議案の審査又は議会の運営に関し協議又は調整を行うための場を設けることができる。」と定められたが、協議・調整の場の根拠を「会議規則」に持たせることとしたのは、それが議会の運営に関わることであるからだと思われる。しかし会議規則に加えて条例にも根拠を持たせるという選択肢もあったと思われる。
（7）松本英昭『逐条地方自治法第四次改訂版』（学陽書房、二〇〇七年）三五七頁は、かかる調査について、対象事項、期間、調査の相手方などを議決する必要があると説く。
（8）判決は、越谷市情報公開懇話会報償費事件判決、若宮町21まちづくり委員会委員報酬事件などを指しているが、これらの判決は判例集未登載であり、事件及び判決内容については、碓井光明「地方公共団体の附属機関等に関する若干の考察（上）――附属機関条例設置主義を中心にして――」自治研究八二巻五三頁以下に拠った。
（9）事務統理権のなかには、議会内でのみ通用する内規を定める権限も含まれると思う。議会機能の強化を図るための内部組織の設置も内部管理事務のひとつとみれば、この権限から導き出すことが可能と思われる。
（10）この点は、第一章でも触れたように、「外部民間人で構成する」ものと当初より想定されていたし、『三重県議会基本条例逐条解説』においても、一二条の解説のなかで「…議会に学識経験者等で構成する附属機関を設置するものである。」と書かれている。
（11）北名古屋市議会基本条例八条は、「市議会は、まちづくりの基本方針並びに市民生活に重要な影響を及ぼすことが予想される施策及び事業について、市長等に対し、その政策形成過程等を明らかにするため、次に掲げる事項について説明を求めることができる。（略）」と規定している。また、同様に同条例九条も予算及び決算における政策説明を求めることができるとしている。
（12）同様の規定として、伊賀市議会基本条例九条、今金町議会基本条例六条などがある。
（13）また、伊賀市議会基本条例二二条も「この条例は、議会における最高規範であって、議会は、この条例の趣旨に反する議会の条例、規則等を制定してはならない。」と規定しており、なお、北名古屋市議会基本条例一七条も同様である。
（14）市村充章「自治基本条例の最高規範性――戦後の地方自治における根本問題――」議会政治研究八三号三一頁。
（15）整合を図ることは、三重県全般に求めているわけであるから、議会関係の条例のなかには知事提案の条例もあるので、そうした条例についても――つまり知事部局へも――整合を図るために、見直しを要請しているものと解せざるをえない（この条項について異論が知事側にあるのであれば、再議にかけることができたのであり、それがなかったことは同意の意思があったものとみなされよう）。

（16）　木村琢磨「自治基本条例（自治憲章）の制定に向けての一考察」千葉大学法学論集一七巻一号二二-三頁は、議会の議決手続の加重は、「法律以外の規範によって議会の主権的決定権を手続面で侵害することを意味する」としている。

（17）　南川諦弘「自治基本条例の最高規範性について（再論）」地方自治職員研修臨時増刊七一号七六頁

## まとめにかえて

### 一　議会の監視機能強化の必要性

議会の監視機能に関わる近時の法状況で見逃せないのは、自治体の補助金交付や契約締結の適法性を争う住民訴訟事件において、議会の当該補助金交付決定や契約への関与を重視していると思われる判例が散見されることである。補助金交付は「公益上の必要性」（地方自治法二三二条の二）という要件を満たさねばならないが、この「公益上の必要性」は自治体の広範な裁量判断に委ねざるを得ないものの、かかる裁量判断が適法である基準として、当該補助金の趣旨・目的・効用や補助対象事業の目的・状況などのほかに「議会の対応」が挙げられており、こうした諸事情を総合的に考慮して裁量判断に逸脱・濫用があった場合に限り、公益性を満たさず補助金は違法とされることが判例上確立されている。つまり、「議会の対応」が補助金交付の「公益上の必要性」の判断基準の一つに挙げられているが、これは、長の補助金支出を決定したことをうけて議会が予算案審議を通じて長の判断をチェックすることを含意しているといえる。第三セクターへの補助金交付が当該事業運営で生じた赤字を補填するためであるとして長の補助金交付決定が問題となった下関日韓高速船最高裁判決(1)は、当該補助金交付について、公益上の必要性があると判断したことを是認したのであるが、それは、議会が当該補助金に係る予算案を当該補助金支出の当否を審議したうえで可決したことを重視したものと思われる。また、外郭団体への同様の補助金交付が問題となったいわゆる「陣屋の村」補助金事件最高裁判決(2)でも、多数意見は本件補助金交付には公益上の必要性があるとした自治体の判断は不合理ではないとしたが、滝井裁判官は反対意見のなかで、補正予算に本件補助金が計上され、議会がそれを議決したとしても本件補助金交付は適法にはならず、議会において実質的な審議がなされたかどうかによる、とした。これは、議会の関与は場合によってはチェック機能を超えて議会独自の判断が要請されることがあることを示した意見として、反対意見とはいえ注目すべきである。

こうした議会の実質的な審議を要請していると思われるものとして、名古屋デザイン博住民訴訟事件がある。この事件では、名古屋市と市長が代表の地位ある博覧会協会との契約締結が問題となったが、最高裁判決(3)は、民法の双方代理規定の類推適用を認めつつ、議会に民法一一六条の「追認」する機関としての地位を認めた原審を支持したが、ここでは、議会は、契約の効果を自治体に帰属させるための「追認」をする機関として位置づけられうる以上、議会は契約の効果を自治体に帰属させることが妥当か否かを独自に判断しなければならないという要請のもとに置かれることを示しているものと思われる。つまり、議会は長からの議案提案に対して漫然と審議するのではなく実質的な審議をなさねばならない場合があることを示唆したものとして注目すべきである。いずれにしても、これらの判決は、議会の関与による監視機能の重要性を改めて認識させるとともに、議会の責任の重大性を喚起したといえる。

周知のように、地方分権改革と並行して進行してきた地方自治体の行政改革は、自治体経営の手法によって、指定管理者制度や市場化テストにみられるように、大きく加速したといえる。地方議会もかかる動向の埒外ではなく重要な任務を負わされる場合がある。例えば、指定管理者制度は、地方自治法二四四条の二第三項に定める条例に基づいて施設毎に管理者の指定を行うのであるが、指定手続においては、長による指定管理者候補の選定の後、議会が指定管理者となる団体の名称、指定の期間、対象施設の名称等の事項を議決した（同条第七項）うえで、管理者が指名されることになっている。かかる議会の関与は、管理者の指定までのプロセスにおいて恣意性を排除し透明性・公正性を担保するという意義があるといわれている(4)。

また、夕張市の財政破綻を教訓に制定された自治体財政再建化法（地方公共団体の財政の健全化に関する法律（平成一九年法律第九四号））では、議会による民主的統制が重要視されている。同法では、自治体は四つの健全化判断比率（実質赤字比率、連結実質赤字比率、実質公債費比率、将来負担比率）のうち一つでも基準を超えたときには「財政健全化計画」を策定しなければならず、いわゆる再生基準に達しているものが一つでもあったときは「財政再生計画」を策定しなければならないとされているが、これらの計画は長が作成（変更を含む）し議会がこれを議決によって承認することを要すると定められている（同法五条一項、九条一項）。特に、早期健全化の段階である健全化計画においても、このように議会の議決を必要としていることからも、同法が議会の関与を重視していることがうかがえる(5)。

このように、最近導入された諸制度において監視機能を有する議会の役割は大きなものがあるといえる。しかし、それを果たすべく実質的な審議をする場合には、それに応えるべき力量を議会が有していることが前提となろう。実質的な審議がなされるためには、かなりの専門的知識を必要とするものであり、そのための情報の収集の必要性とともに議会外部にもその支援を求めざるをえないであろう。議会の審議を向上させ監視機能を強化する点から、議会側に執行機関に対する一般的な情報請求権、言い換えると資料提出要求権を創設することが必要であろう。これを議会基本条例に明記することも一案と思われる。

## 二　自律的議事機関性の確立

二〇〇七年三月に発足した地方分権改革推進委員会は同年一一月に今後の分権改革の方向性を示した「中間的取

りまとめ」を公表した。そのなかで、同委員会は「地方政府の確立」を目指すとし、それは、自治行政権、自治立法権及び自治財政権を有する完全自治体を目指す取組である、と訴えたのであるが、そのなかでも自治立法権の分権を強く主張し、「自治立法権を担う地方議会の権能、制度などについて抜本的改革が必要となるとともに、休日、夜間の議会開催、議員による条例提案の活発化など積極的な議会運営が求められる」とした。さらに、同委員会は、「住民自治の観点から自治立法権を確立するためには、住民代表の機関である議会が住民にとって身近な存在となり透明で開かれた議会を目指すことがまず必要になる。」とする。このように、同委員会は、議会改革を自治立法権の確立という観点からも位置づけようとしている(6)。要するに、自治体の立法権の強化、即ち条例制定権の拡充を目指し、そのために議会の機能強化を図ろうという同委員会の意図がうかがわれるが、当面はいわゆる「義務付け」「枠付け」を縮減あるいは見直していくことによって、条例制定権の拡大を実現していくこととなろう。こうした見直しを行い条例制定権が実質的に拡大されることと並行して、議会の政策形成機能も一層の向上を図らねばならないだろう。

ところで、自治立法権の確立にあたっては、第二章でも強調したように、議会が本来的な立法機関であることを改めて確認するとともに、本来的立法機関性の確立を前提にすべきではないかと思う。ここにいう立法機関性の確立とは、議会が自律的に活動しうるような仕組みを構築することであり、また、議員の身分も名誉職的な議員法制から脱皮して、明確な職務と性格づけを与えられることが不可欠であろう。

ここで議会の自律的活動というのは、換言すると、議会が主導性を発揮することである。議会の主導性とは、まず、議会活動をできるかぎり恒常化させることである。会期制に拘束された議会では、二元代表制の下での執行機関との拮抗性は実現できないからである。その意味で、三重県議会が定例会の回数を年二回としたのは、恒常化を目指す取組として評価されねばならない(7)。即ち、二会期制により定例会がほぼ通年化することになれば、議長に議会招集権がないという問題がほぼ解消されるとともに、長が地方自治法一七九条の専決処分を用いる状況を減らすことにもつながるからである。議会の主導性は、次に、長に依存しない議会活動を実現することである。特に、議員提案型条例の制定を含めて自治体の政策立案に主体的に関与することを目指すことである。もっとも、この実現には議会事務局の充実など多くの前提条件があることはいうまでもない。このような主導性のある議会が目指すものを自律的議事機関と呼ぶことが許されよう。これは、当該自治体の運営の基本方針を決定してその執行を監視・評価するために長から自立的に活動し、且つ住民との連携を図る(8)議会を標榜するものである。自律的議事機関である以上、議会は、必要があれば附属機関を設置するなど議会の自律権を顕在化させ、地方自治法の議会関係規定を完全無欠と捉える通念を払拭して、自らの意思で活動原則を形成していく方向に脱皮していかねばならない。議会基本条例の制定はその一歩となることが期待されているといえよう。

最後に、議会改革は今後も地方分権改革の主要な課題であることは疑いないところであるが、各々の地方議会の改革への意欲や取組は未だ十分とはいえない。議会基本条例の制定は、議会自らの改革の意思の表れとして評価できようが、制定自体を議会改革の到達点と捉えるのではなく出発点にすぎないという認識が必要である。むしろこれを端緒にして、自律的議事機関を目指す改革を進めていかなければならないと思う(9)。

(1)　最判平成一七年一一月一〇日判例時報一九二一号三六頁。
(2)　最判平成一七年一〇月二八日民集五九巻八号二二九六頁。
(3)　最判平成一六年七月一三日民集五八巻五号一三六八頁。
(4)　地方行政改革研究会編『1冊でわかる！地方公共団体のアウトソーシング手法』(ぎょうせい、二〇〇七年)三五頁参照。
(5)　なお、財政再生計画の策定や変更に関する議案を議会が否決したときは、長は一〇日以内に再議を求めることができることとなっている(同法一七条一項一号)。なお、この仕組は、議会が財政健全化に抑制的な動きをみせかねないことに留意したものと思われる。

（6）　なお、ここで触れた「地方政府」の意味内容を含め、「中間的な取りまとめ」に関する全般的評価について、さしあたり宮脇淳「地方分権改革の新展開と地方政府の確立――「中間的な取りまとめ」の基本理念――」日本行政学会編『分権改革の新展開』（ぎょうせい、二〇〇八年）二二頁以下を参照した。

（7）　三重県議会は、平成二〇年から定例会の招集を年二回とし、第一定例会の会期を概ね二月中旬から六月中旬とし、第二定例会の会期を九月上旬から一二月中旬として、年間開会日数を二四〇日程度とする改革を行った。

（8）　議会改革と住民との連携について、山田公平「自治体議会改革と市民参加」自治体問題研究所編『ここから始める地方議会改革』（自治体研究社、二〇〇七年）六七頁は、「…自治体議会の改革を、代表民主制の地方政治における代表型の議会運営から参加型の議会運営への転換として位置づけ、議会の政策審議機能を市民参加によって充実し、議会改革の基盤を市民・地域コミュニティに置くこと…」とみている。なお、住民参加型の議会運営の例として、委員会審議への市民の諮問的参加が考えられている。

（9）　本稿は本号を含め第二章以降を全て駒林が執筆している。

〔初出〕　はじめに～第二章二　「名城法学」第五六巻第四号
第二章三～まとめにかえて　「名城法学」第五八巻第一・二合併号

# 第Ⅱ編　政策監視・評価の推進

# 1　議場を対面演壇方式に

## 1　はじめに

三重県議会では、平成一五年第一回定例会(1)から、議場の型を「対面演壇方式」(2)に改修しました。

この取組は、単に議場の型を変えただけではなく、知事をはじめとする執行機関との間に緊張感のある関係を築き、本会議を通じて政策決定に係る議論を尽くすことが目的です。

また、議場の改修に合わせて、本会議の質疑・質問方式について、従来からの一括質問方式に加え、一問一答方式を含む分割質問方式を新たに導入しました。さらに、傍聴規則を抜本的に見直し、大幅な改正を行いました。

この稿では、三重県議会の対面演壇方式の採用、本会議での質疑・質問方式の多様化、傍聴しやすい環境づくり等の取組について紹介します。

## 2　三重県議会の改革の流れ

### 2－1　これまでの経緯と取組概要

三重県議会では、地方分権等社会情勢の変化や執行機関の改革に呼応し、議会運営委員会、代表者会議、議会改革検討委員会(3)、議会改革推進会議を通じて、幅広い項目にわたる改革に取り組んできました。

委員会の公開、本会議のテレビ中継、情報公開など、県民に開かれた議会の運営に努めるとともに、政策課題を集中的に議論する行政改革調査特別委員会、全員参加型の予算決算特別委員会の設置による審査・調査や議員提出条例による政策立案を行うなど、議決機関としての努力を続け、執行機関と緊張感のある関係を築いてきました。

今回の改革も、これらの改革の一環としての取組と言えるものです。

### 2－2　三重県議会の基本理念と基本方向

議会運営、議案審議、政策立案等について行ってきた様々な改革を県民に分かりやすい形で表し、今後も改革に取り組む決意を示すため、平成一四年三月及び平成一五年一〇月に「三重県議会の基本理念と基本方向を定める決議」を全会一致で議決しました。

この決議は、基本理念を「分権時代を先導する議会をめざして」とし、この理念を実現するための基本的な取組方向として、五つの基本方針を掲げています。

議場を対面演壇方式に改修する改革は、「住民本位の政策決定と政策監視・評価の推進」の基本方向に基づくもので、また、傍聴しやすい環境づくりのための改革は、「開かれた議会運営の実現」の基本方向に基づくものとなっています。

### 2－3　三重県議会基本条例

平成一八年一二月二〇日、二元代表制の下での議会の基本理念及び基本方針、議員の責務及び活動原則、議会運営の原則などを定めた「三重県議会基本条例」を全会一致をもって可決しました。

この条例では、議員の責務及び活動原則のひとつとして、第四条第四項で「議員は、議場で質疑及び質問を行うに当たっては、対面演壇において、県政の課題に関する論点を県民に明らかにするため、一問一答方式等の方法により行うものとする。」と規定しています。

## 3　対面演壇方式の採用

### 3－1　基本的な考え方

日本の地方自治制度は、住民が地方公共団体の長及び議会の議員を直接選挙する二元代表制となっています。二元代表制の下、議会の本会議を真に「議論の場」とするためには、議場の型をそれぞれ相手に向かって質問・答弁を行う本来の形にする必要があります。

三重県議会では、議場を対面演壇方式に変更することにより、知事をはじめとする執行機関との間に緊張感のある関係を築き、本会議を通じて政策決定に係る議論を行うこととしました。

## 3-2　検討の経緯

### (1)　議場の型の見直し

議場の型を変更しようとの発案は、平成一四年当時の議会運営委員長からでした。

なぜ議員が執行機関に対して質問(4)を行う際に、執行部席側の演壇から議員席側に向かい行うのか、また、なぜ二元代表制による地方議会が議院内閣制による国会と同じ議場の型なのかという素朴な疑問があり、本会議において執行部との間で議論を尽くすには議場の型を変えることも必要ではないかという問題意識からでした。

### (2)　地方議会の議場の型

平成一四年六月頃、議会運営委員長から議会事務局に対してこの件に関する調査の指示があり、事務局では、海外の議会や国内の地方議会の議場の型についての文献調査や照会調査を行いました。

この結果、都道府県議会では、議員席が半円形、準半円形、馬蹄形となっている例も数例(5)ありましたが、全ての議会で、議員席と執行部席が対面し、議長席の前に議員席向きの演壇が一つ設置されているものでした。

この理由は、戦後、地方議会の議場が新しく建て替えられるときに、昭和一一年（一九三六年）に完成した国会議事堂の議場を模倣したという経緯にありました。

他方、市町村議会では、円形議場の例(6)対面式の演壇の例などユニークなものもありました。

対面式の議場は、可動式の議員発言用演壇を設置する三重県菰野町議会、演壇のほかに答弁席と発言席が設けられている福岡県宗像市議会、議員質問時には議員側の中央通路に移動式の質問席を設置する大分県国東町議会の例などがありました。

### (3) 議会運営委員会による調査・検討

八月上旬に、議会運営委員長から各委員に本格的な検討に入ることを提案し、委員会で合意しました。

九月に入り、議会運営委員会で、近隣の議会でユニークな議場の型となっている名古屋市議会、菰野町議会の現地調査を行うとともに、その後の委員会で具体的な検討を重ねました。

最初は、議場内の議員席、議長席、執行部席、傍聴席などの配置を抜本的に変えることも視野に入れて検討しましたが、現在の議場(7)の構造上から、また、経費を最小限に抑える必要があることや、平成一五年第一回定例会に間に合わせるためには工期が限られることから、改修は必要最小限にとどめ、新たな演壇をもう一つ設置して従来からの演壇と対面させる案にまとまりました。

さらに、新設する演壇の配置位置についても、成案のほか、さらに前面に出して速記席に付ける案、速記席を撤去する案もありましたが、これも上記の理由や配置のバランス上から採用できませんでした。

配置のバランスは、実際に議場に事務局が製作した模型を配置し、議会運営委員会の委員が確認する方法で検討しました。

また、大型映像装置についても、プロジェクター方式のほか、液晶画面方式なども比較検討しました。

これらの検討を重ねた結果、最終的に一〇月七日の議会運営委員会で議場改修案を決定し、翌日、議長と議会運営委員長から発表しました。

## 3-3　議場改修の具体的な内容

この議場改修の具体的な内容は、議員発言用演壇の新設、議員待機席の付設、大型映像装置の設置の3つです。

### (1)　議員発言用演壇の新設

議員発言用演壇を新設するには、そのスペースを確保する必要があったため、議員席の前列中央五席(8)を撤去しました。

改修当時の議員定数(9)は55人で、平成一五年四月の改選時に定数を五一人に削減することが決まっていましたが、これに対して、議場の議員席数は六〇席と余裕があり、撤去が可能であったため、この空いたスペースに議員発言用演壇を新設しました。

新設した議員発言用演壇は、議長席前の既存の演壇と同型ですが、スペースの関係でやや小ぶりとなりました。

### (2)　議員待機席の付設

議員発言用演壇には、議員待機席を付設しました。

これは、議員が執行部の答弁時に待機し、再度の登壇に備えるためのものです。

### (3) 大型映像装置の設置

議員発言用演壇の新設により、質問議員は傍聴席、議員席に背を向けることとなるために質問議員の正面からの映像を映し出す必要があることから、大型映像装置を新設しました。

執行部席後方の壁面に一七〇インチ（縦二五九一ミリ横三四五四ミリ）の大型スクリーンを設置し、プロジェクターにより投影する方法としました。

### (4) 改修工事

このほか、これらに伴う議場放送システムの変更等も含め議場の改修に要した経費は、総額約一九〇〇万円(10)となりました。

改修工事は、平成一四年第四回定例会閉会後(11)に始め、平成一五年第一回定例会(12)からの使用に間に合うよう行いました。

## 4　質問方法の多様化

### 4-1　質問・答弁方法の検討

### (1)　質問・答弁方式

本会議における質問・答弁方法は、一括質問方式と分割質問方式に大きく分けられます。

一括質問方式とは、まず議員が質問項目の全てについて一括して質問を行い、次に執行部がそれらの質問に対し一括して答弁を行い、さらに議員がその答弁の中で了解できない点があれば再質問へと続く方法です。

これに対し、分割質問方式とは、質問項目を複数問ごと、あるいは一問ごとに区分して質問を行い、次に答弁を受け、再質問があれば行い、なければ次の質問に移り、これを繰り返すやり方で、一問一答方式も分割質問方式の一つです。

### (2)　従来の質問・答弁方法

三重県議会では、質問・答弁方法について、代表質問は答弁を含めて七〇分程度、一般質問は同じく六〇分程度の持ち時間の申し合わせがあるほかは、その方法について特に取り決めがありません。

持ち時間の範囲内であれば質問の回数制限がない(13)ため、何度でも再質問ができるほか、分割質問方式、一問一答方式を採ることも会議規則上は可能でしたが、演壇が議長席の前にあり、何度も質問の際に自席から登壇することは難しいため、これまでは一括質問方式をとり、再質問は自席から行っていました。

### (3)　質問・答弁方法の検討

議場を対面演壇方式に改修する目的は、本会議をセレモニーの場ではなく、議論を尽くす場とすることです。

今回の議場改修により、質問議員が使用する議員発言用演壇を議員席側に新設し、従来の議長席前の演壇と対面させ、さらに議員待機席を議員発言用演壇に付設することで、物理的に分割質問方式、一問一答方式が可能となりました。

このため、議場改修の検討に続き、質問・答弁の方法について議会運営委員会で検討を重ねました。

委員会では、平成一四年八月に行った鳥取県、島根県両議会への現地調査や他都道府県議会への照会調査の結果(14)を参考にしながら、各会派の意見を集約し、一〇月から平成一五年二月の第一回定例会の直前まで数回にわたり議論を重ね、最終的に、一括質問方式、分割質問方式、一問一答方式のどの方法を採るかは質問する議員に委ねることとし、「とにかく失敗を恐れずにやってみよう、その上で、質問・答弁方法のルールづくりを考えていこう」と決定しました。

### (4)　スクリーン映写の検討

大型映像装置による大型スクリーンへの映写についても、検討を重ねました。

大型映像装置は、議員発言用演壇から質問する議員の正面からの映像を大型スクリーンに映写し、傍聴席、議員席から見ることができるよう設置したものです。

三重県議会では、従来から地元テレビ局を通じて、代表質問・一般質問の模様を実況中継でテレビ放映(15)しており、この映像をそのまま映し出すこととしました。

質問議員の正面から撮影するテレビカメラが必要となるため、議場内の執行部席後方に、テレビ局のカメラをもう一台設置することとしました。

さらに、オーバーヘッドカメラ（ＯＨＣ）を設置することにより、議員が質問時に用いる資料を大型スクリーンに映写することが可能となりました。

資料の映写については、従来の演壇での掲示資料（図表等）と同じく、発言時の補助手段としての使用にとどめる必要があること、会議録には掲載されないことを前提に認めることとし、運用方法を申し合わせとして決定しました。

なお、映写作業は、質問議員のパネル掲示に合わせて、事務局職員が議場内の書記席でテレビ映像をオーバーヘッドカメラに切り替えて映写する操作を行います。

### 4-2　2つの演壇の使用方法

対面演壇方式は、議長席の前に議員席向きの既存の演壇と議員席から執行部席に向かい新設した議員発言用演壇の2つの演壇が対面します。

新設の議員発言用演壇は、代表質問、一般質問、再質問で使用することとしました。

従来、代表質問、一般質問は、初回の質問が終われば自席に戻り、自席で答弁を受け、再質問を行っていましたが、今後は、議員待機席で答弁を受け、再質問は登壇することにしました。

関連質問(16)についても、平成一八年第四回定例会から議員発言用演壇から行うこととしました。

また、議員発言用演壇は、質問する相手側の執行部席に向かっているため、質問議員は、パネル等による図示なども行いやすくなりました。

一方、既存の演壇は、執行部が行う答弁のほか、議員が行う議提議案提案説明、委員長報告、討論などで使用することとしました。

なお、執行部の答弁は、従来どおり再質問に対する答弁、関連質問に対する答弁は自席で行いますが、分割質問方式の場合は、本質問に関する答弁は演壇、再質問に関する答弁は自席で行うこととし、関連質問に対する答弁も自席で行うこととしました。

例えば、一問一答方式で一般質問を行う場合、まず、一つ目の質問項目について、質問議員は議員発言用演壇で質問し、次に、知事、各部局長等は、順次、既存の演壇で答弁を行い、再質問があれば、議員は議員発言用演壇で再度質問しますが、執行部の答弁者は、再質問ですので自席で答弁を行います。

さらに、再質問があればこれを続け、なければ、二つ目の質問項目に移ります。

二つ目の質問項目でも、まず、質問議員は議員発言用演壇で質問し、次に、知事、各部局長等は、本質問になるので、順次、既存の演壇で答弁を行います。同じく、再質問があれば、議員は議員発言用演壇で再度質問し、執行部の答弁者は、自席で答弁を行います。

以上の質問・答弁方法を、持ち時間内(17)で続けることになります。

## 4－3　議員の質問方法の状況

平成一五年第一回定例会で、初めて一問一答方式を含む分割質問方式を取り入れましたが、第一回定例会では、代表質問・一般質問の質問議員一九人のうち、一括質問方式が八人、分割質問方式が一一人、うち一問一答方式が六人となっています。

また、質問時に大型映像スクリーンに資料の映写を行ったのは三人となっています。（表4－3－1）

一問一答方式で一般質問を行った議員で最も質問回数が多い例を見ると、質問（要望を含む）が一九回、執行部の答弁が一八回となっています。（表4－3－2）

六〇分の持ち時間の中で、五つの質問項目について一問ごとに質問を行い、その中で納得のいかない答弁に対しては度重なる再質問を行い、答弁を求めました。

また、最近一年間の状況は、表（表4-3-3～6）のとおりとなっており、平成一五年第一回定例会から平成二一年第一回定例会（二月・三月）までの状況は、代表質問・一般質問・質疑を行った議員三七三人中、一括質問方式が五〇人（一三・四％）、分割質問方式が三二三人（八六・六％）、うち一問一答方式が二八三人（七五・九％）、資料の映写が一六〇人（四二・九％）となっています。

表4－3－1
平成15年第1回定例会の質問方法の状況　（人）

| | 質問者数 | うち分割質問 | うち一問一答 | うち資料の映写 |
|---|---|---|---|---|
| 代表質問 | 3 | 1 | 1 | 1 |
| 一般質問 | 16 | 10 | 5 | 2 |
| 合　計 | 19 | 11 | 6 | 3 |

表4－3－3
平成20年第1回定例会(18)の質問方法の状況（人）

| | 質問者数 | うち分割質問 | うち一問一答 | うち資料の映写 |
|---|---|---|---|---|
| 代表質問 | 2 | 2 | 2 | 0 |
| 一般質問 | 26 | 24 | 22 | 16 |
| 質　疑 | 12 | 4 | 4 | - |
| 合　計 | 40 | 30 | 28 | 16 |

表4－3－4
平成20年第2回定例会(19)の質問方法の状況（人）

| | 質問者数 | うち分割質問 | うち一問一答 | うち資料の映写 |
|---|---|---|---|---|
| 代表質問 | 3 | 3 | 3 | 1 |
| 一般質問 | 26 | 25 | 25 | 17 |
| 質　疑 | 11 | 4 | 4 | - |
| 合　計 | 40 | 32 | 32 | 18 |

表4－3－5　平成21年第1回定例会(20)（2月・3月）の質問方法の状況　（人）

| | 質問者数 | うち分割質問 | うち一問一答 | うち資料の映写 |
|---|---|---|---|---|
| 代表質問 | 3 | 3 | 3 | 0 |
| 一般質問 | 17 | 16 | 14 | 10 |
| 質　議 | 7 | 4 | 4 | - |
| 合　計 | 27 | 23 | 21 | 10 |

表4－3－6　平成15年第1回定例会～平成19年第1回定例会（2月・3月）の状況（人）

| | 質問者数 | うち分割質問 | うち一問一答 | うち資料の映写 |
|---|---|---|---|---|
| 代表質問 | 37 | 31 | 26 | 11 |
| 一般質問 | 306 | 280 | 245 | 149 |
| 質　議 | 30 | 12 | 12 | - |
| 総　計 | 373 | 323 | 283 | 160 |
| 割　合 | 100.0% | 86.6% | 75.9% | 42.9% |

表４－３－２　平成15年第１回定例会の質問方法の例

| | | | | | |
|---|---|---|---|---|---|
| 1. 質問　問1<br>2. 答弁 / 知事 | 3. 質問　問2<br>4. 答弁 /A 部長 | 5. 質問　問3<br>6. 答弁 /B 部長<br>7. 再質問<br>8. 答弁 /B 部長<br>9. 再質問<br>10. 答弁 /B 部長<br>11. 再質問<br>12. 答弁 /B 部長<br>13. 再質問<br>14. 答弁 /B 部長<br>15. 再質問<br>16. 答弁 /B 部長 | 17. 質問　問4<br>18. 答弁 /C 局長 | 19. 質問　問5<br>20. 答弁 /D 部長<br>21. 再質問<br>22. 答弁 /E 庁長<br>23. 再質問<br>24. 答弁 /E 庁長<br>25. 再質問<br>26. 答弁 /E 庁長<br>27. 再質問<br>28. 答弁 /E 庁長<br>29. 再質問<br>30. 答弁 /E 庁長<br>31. 再質問<br>32. 答弁 /D 部長<br>33. 再質問<br>34. 答弁 /D 部長<br>35. 再質問<br>36. 答弁 /E 庁長 | 37. 要望 |

## 4－4　他の都道府県議会の状況

質問・答弁の方法の検討にあたって、他の都道府県議会の状況を調査[21]したところ、当時、大多数の議会で一括質問方式が採られ、分割質問方式、一問一答方式がとられているのは、熊本県議会、島根県議会、長野県議会及び徳島県議会のみでした。

熊本県議会では、慣例としてかなり以前から一問一答方式がとられていました。

一問一答方式が基本で、議員の中には分割質問方式をとる場合もありますが、一括質問方式は例がありません。質問は全て演壇で行われ、このため議員席の空席を利用して、質問者席（待機席）が設けられていました。

島根県議会では、平成一四年第三回定例会から、本会議での質問を代表質問、一般質問、一問一答質問に区分し、一問一答質問は、本会議場とは別の第一会議室を使用し、一日間程度の日程で行われていました。

長野県議会では、一括質問方式、分割質問方式、一問一答方式のどの方法をとるかは質問する議員に委ねられており、近年では、分割質問方式が大半となっていました。

徳島県議会では、分割質問方式を数問数答弁方式と称しており、この方式と一括質問方式のいずれを用いるかは、質問議員に委ねられており、多くが数問数答弁方式により行われていました。

その後、現在までに、栃木県議会、宮城県議会、大阪府議会、京都府議会、群馬県議会、滋賀県議会、宮崎県議会、大分県議会及び長崎県議会が一問一答方式を含む方法を採用(22)しています。

また、対面式により質疑・質問を行っているのは、現在までに三重県議会及び島根県議会のほか、栃木県議会、宮城県議会、大阪府議会、群馬県議会、滋賀県議会、宮崎県議会、大分県議会及び長崎県議会の八議会となっています。

## 5　傍聴しやすい環境づくり

### 5－1　傍聴規則見直しの経緯

三重県議会では、議場を対面演壇方式に変更することにあわせて、平成一五年二月、傍聴規則を大幅に見直し、改正しました。

この改正は、直接、議場の型の変更に伴うものではありませんが、この機に議会事務局で見直しを行い、規則改正を発案しました。

発端は、当時の傍聴規則の目的規定に、未だ「傍聴人の取締りに関し」と明記されており、これを削除する必要があったことですが、ただ、文言上だけでなく、真に県民が参加しやすく開かれた議会を実現するためにはどうすればよいかの観点から、事務レベルで検討を重ねました。

一つ一つ検討してみると、傍聴人に義務付けをしている規定や、禁止をしている規定で、その理由を明確に説明できないもの、あまりにも会議の秩序維持を重視し過度に傍聴を制限しているものなどがあり、これらの規定を全面的に改正してはどうかということになりました。

なお、他の都道府県議会の傍聴規則やひな形となっている標準都道府県議会傍聴規則では、目的の規定を除き、概ね従来の規定のままとなっていましたが、三重県議会では、思い切って改正しようとしたものです。

この事務局案を、平成一五年二月の議会運営委員会に諮り、異論なく了承したのち、議長決定を行い、第一回定例会から施行しました。

### 5-2　傍聴規則改正の基本的な考え方

県民が参加しやすい開かれた議会運営を実現するためには、傍聴は歓迎すべきもので、傍聴者の便宜を図ることを主眼としました。

従来、傍聴規則は会議の秩序維持の観点から、傍聴人を取り締まることを主眼としていたことを改め、傍聴人の禁止制限規定などを大幅に見直し、必要最小限の規定に整理するとともに、分かりやすい規定に改めました。

### 5-3　傍聴規則改正の主な内容

改正の主な内容は次のとおりです。

①　規則の目的規定から「傍聴人の取締り」を削除しました。

この規定は、標準都道府県議会傍聴規則では昭和五九年の改正で削除されて、ほとんどの都道府県議会でも削除の改正が行われており、三重県議会では改正が遅れていたといえますが、文言の削除だけでなく、この趣旨に沿い個々の規定を大幅に改正しました。

なお、傍聴規則の根拠規定である地方自治法第一三〇条第三項は、平成一八年六月の改正で「傍聴人の取締に関し」から「会議の傍聴に関し」に改められました。

②　傍聴人の住所、氏名等による特定をなくしました。

従来、傍聴希望者には住所、氏名その他必要事項の記入を義務づけていましたが、その理由が乏しく、個人情報保護の観点からもこの規定を削除しました。

③　傍聴席での写真、ビデオ撮影、録音等を解禁しました。

従来、傍聴席での写真撮影等は原則禁止とし、議長による許可制としていましたが、この規定を削除しました。三重県議会では、代表質問については昭和五六年二月から、一般質問については平成一三年六月からそれぞれテレビ中継を行っていることから、撮影、録音等を禁止する理由が乏しく、さらに、議長による許可の判断基準も明確でないことから、考え方を「原則として禁止せず」としました。

④　乳幼児同伴者、児童の傍聴を解禁しました。

従来、乳幼児同伴者等の傍聴は原則禁止とし、議長による許可制としていましたが、子ども連れの傍聴者及び子どもの権利を尊重する観点から、この規定を削除しました。

子ども等が騒ぎ立て、議事を妨害するおそれがあることが理由でしたが、このことで傍聴の権利を制限するのではなく、本来ならむしろ防音スペースの確保などの環境整備に努めるべきものであり、仮にこのような事態になれば、一時退席をお願いすれば済むことだと考えました。

なお、実際に、平成一五年第四回定例会では乳幼児同伴の傍聴があり、また、平成一六年第一回定例会では、教員に引率された小学校六学年の児童一行の傍聴がありました。

⑤　傍聴席に入ることができない者、傍聴人の守るべき事項を整理し、分かりやすい規定に改めました。

「異様な服装をしている者」、「不体裁な行為をしないこと」など、判断基準が曖昧な規定を削除するとともに、「談論し、放歌し、高笑し、」など一般の人が違和感を覚える古い言い回しの規定を、「大声を発する等」などの平易な表現に改めました。

## 5－4　傍聴機会の拡大

傍聴規則の改正のほか、平成一五年第一回定例会から、傍聴しやすい環境づくりのため、聴覚障がい者に対する手話通訳の対応体制の整備も行いました。

手話通訳は、代表質問・一般質問を行う本会議と各委員会を対象とし、それぞれの傍聴席で行います。

議会事務局は、希望する傍聴者から申し込みを受けた後、執行部の障害福祉室と連絡を取り、手話通訳者の派遣を要請します。

原則として事前申し込み制としていますが、本会議の質問日には、たとえ申し込みがなくても、午前一〇時から一一時までの一時間は手話通訳者二人が待機し、当日の申し込みでも対応できる体制をとっています。

この体制をとった初日である平成一五年第一回定例会代表質問日の午後には実際に申し込みがあり、手話通訳を行いました。

その他、平成一六年二月には、正面玄関のスロープ化、誘導ブロック、音声ガイド装置の設置、多機能トイレへの改修など議事堂のバリアフリー化を実施しています。

## 6　県民・議員等の反応

### 6－1　傍聴者等の声から

三重県議会では、毎回、本会議傍聴者にアンケートの記入をお願いしていますが、平成一五年第一回定例会では、対面演壇方式や傍聴規則の大幅改正についての声が一〇数件ありました。

これはあらかじめ質問項目を設定したものではなく、自由回答欄への記入があったものです。

対面演壇方式については、「よいと思う」、「よくなった」、「最初は変に思ったが、慣れてくればこれもよいのではないか」、「非常によい、スクリーンもよく、これからも改革を」といった肯定的な意見が多くありました。

また、分割質問の方法についても、「今回の討議形式は良い」、「議会進行方法が非常に分かりやすくなった」という意見がありました。

しかし、「対面方式等形式に変化はあるが、事前調整ずみの問答シナリオの発表会は不変」といった意見もありました。

傍聴規則の大幅改正については、「気軽に傍聴できるようになったため、県政にも関心を持つようになった」、「よいことだ、ぜひ続けてほしい」、「傍聴者に対するサービスは以前（数年前）に比してかなりよくなった」、「手続きなしで傍聴できることになったので、このPRをお願いします」など肯定的な意見が多くありました。

　この他、以前に、写真、録音等の原則禁止、議長許可制について苦情をいただいた傍聴者からは、「誠実に努力されたことには敬意を表します」との声も寄せられました。

## 6-2　傍聴者数の動向

　このように、対面演壇方式や傍聴規則の改正は、傍聴者[23]から概ね好評ですが、平成一五年第一回定例会以降、傍聴者数の大幅な増加には至っていません。

　これは、テレビ実況中継に加えて、平成一六年第二回定例会から、代表質問・一般質問についてインターネットによる録画配信を実施し、また、平成一七年第三回定例会から、全ての本会議についてインターネットによる実況中継と録画配信を実施したことから、わざわざ傍聴に来なくてもオンデマンドで本会議の状況を知ることができるようになったことによる影響もあるのではないかと考えられます。

## 6-3　議員等の声から

### (1)　議員

　平成一五年第一回定例会で質問を行った議員の声は、「最初は戸惑いもあったが、執行部席を見渡しながらの質問はよかった。顔を見ながらやっていると、熱も入ってくる」、「緊張感が出ていい」に代表されるように、対面演壇

表６－２　本会議傍聴者数の動向

| | 傍聴者総数 | 開会日数 | 日平均 | 対前年同期比 |
|---|---|---|---|---|
| 平成 21 年第 1 回定例会（２月・３月） | 263 人 | 10 日 | 26 人 | ▲ 18 人 |
| 平成 20 年第 2 回定例会 | 270 人 | 13 日 | 21 人 | ▲ 23 人 |
| 平成 20 年第 1 回臨時会 | 9 人 | 1 日 | 9 人 | - 人 |
| 平成 20 年第 1 回定例会 | 537 人 | 15 日 | 36 人 | ＋ 20 人 |
| 平成 19 年第 4 回定例会 | 149 人 | 5 日 | 30 人 | ＋ 10 人 |
| 平成 19 年第 3 回定例会 | 290 人 | 5 日 | 58 人 | ＋ 25 人 |
| 平成 19 年第 2 回定例会 | 83 人 | 5 日 | 17 人 | ▲ 6 人 |
| 平成 19 年第 1 回臨時会 | 12 人 | 2 日 | 6 人 | ＋ 3 人 |
| 平成 19 年第 1 回定例会 | 110 人 | 7 日 | 16 人 | ▲ 16 人 |
| 平成 18 年第 4 回定例会 | 99 人 | 5 日 | 20 人 | ▲ 25 人 |
| 平成 18 年第 3 回定例会 | 234 人 | 7 日 | 33 人 | ▲ 8 人 |
| 平成 18 年第 2 回臨時会 | 15 人 | 1 日 | 15 人 | - 人 |
| 平成 18 年第 2 回定例会 | 91 人 | 4 日 | 23 人 | ▲ 37 人 |
| 平成 18 年第 1 回臨時会 | 6 人 | 2 日 | 3 人 | ▲ 3 人 |
| 平成 18 年第 1 回定例会 | 257 人 | 8 日 | 32 人 | ＋ 1 人 |
| 平成 17 年第 4 回定例会 | 227 人 | 5 日 | 45 人 | ▲ 2 人 |
| 平成 17 年第 3 回定例会 | 243 人 | 6 日 | 41 人 | ＋ 20 人 |
| 平成 17 年第 2 回定例会 | 238 人 | 4 日 | 60 人 | ＋ 35 人 |
| 平成 17 年第 1 回臨時会 | 12 人 | 2 日 | 6 人 | ＋ 1 人 |
| 平成 17 年第 1 回定例会 | 246 人 | 8 日 | 31 人 | ▲ 33 人 |
| 平成 16 年第 4 回定例会 | 233 人 | 5 日 | 47 人 | ＋ 6 人 |
| 平成 16 年第 2 回臨時会 | 2 人 | 1 日 | 2 人 | ＋ 1 人 |
| 平成 16 年第 3 回定例会 | 147 人 | 7 日 | 21 人 | ▲ 66 人 |
| 平成 16 年第 2 回定例会 | 99 人 | 4 日 | 25 人 | ▲ 27 人 |
| 平成 16 年第 1 回臨時会 | 10 人 | 2 日 | 5 人 | ▲ 3 人 |
| 平成 16 年第 1 回定例会 | 512 人 | 8 日 | 64 人 | ＋ 37 人 |
| 平成 15 年第 4 回定例会 | 204 人 | 5 日 | 41 人 | ＋ 15 人 |
| 平成 15 年第 3 回定例会 | 524 人 | 6 日 | 87 人 | ＋ 45 人 |
| 平成 15 年第 2 回臨時会 | 1 人 | 1 日 | 1 人 | - 人 |
| 平成 15 年第 2 回定例会 | 259 人 | 5 日 | 52 人 | ＋ 3 人 |
| 平成 15 年第 1 回臨時会 | 16 人 | 2 日 | 8 人 | ＋ 6 人 |
| 平成 15 年第 1 回定例会 | 215 人 | 8 日 | 27 人 | ▲ 8 人 |
| 平成 14 年第 4 回定例会 | 130 人 | 5 日 | 26 人 | |
| 平成 14 年第 3 回定例会 | 253 人 | 6 日 | 42 人 | |
| 平成 14 年第 2 回定例会 | 245 人 | 5 日 | 49 人 | |
| 平成 14 年第 1 回臨時会 | 4 人 | 2 日 | 2 人 | |
| 平成 14 年第 1 回定例会 | 315 人 | 9 日 | 35 人 | |

方式への変更が良かったとするものでした。

分割質問方式で質問した議員の中には、初めてのことなので「いかに時間配分が難しいか」との反省の弁もありましたが、今回の改革が活発な論戦への「小さな一歩」を踏み出したのは確かであり、「使い方を研究していけば面白い議論が展開できる」と今後に期待を寄せる声もありました。

しかし一方で、答弁の内容、やり方については、「議論がかみ合わなかった。自分（執行部）の立場だけ言えばいいというものではない」、「言い訳や繰り返しが多く、再質問の時間がない」といった批判の声が多く出たため、議会運営委員会で、再度、執行部に対して、答弁は的確かつ簡潔に答え、再質問の時間を残すよう強く要請を行いました。

### (2)　知事

当時の知事の感想は、「質問を受ける時、質問者の顔が見えるのはいい。こちらも表情で気持ちを伝えられると思う」、「意外と淡々としていたが、顔が見えるのはいい。どちらかといえば（対面式の方が）好き」といったものでした。

## 7　おわりに

議場を対面演壇方式に変更してから六年が経過し、本会議の質問・答弁方法は、従来、質問の全てが一括質問方式であったのが、質問の九割弱（八六・六％）が一問一答方式を含む分割質問方式となり、質問の四割強（四二・九％）

が資料の映写を行っています。

今回の改革の目的は、本会議を通じて政策決定に係る議論を尽くすことにあり、現時点での評価は、次のとおりと考えています。

第一に、一問一答方式を含む分割質問方式の採用により、議論の対象が明確になったことです。

質問項目ごとに区切って質問と答弁が行われるため、質問を行う議員や答弁を行う執行部にとって論点が明確になり、また再質問もしやすくなるなど、より議論を深めることができるようになりました。

また、傍聴者やテレビ、インターネットによる実況中継等の視聴者など、県民にとっても議論の内容が分かりやすくなりました。

第二に、対面式演壇の採用により、質問議員は、質問の相手である知事などの執行部に向かい、相手の顔を見て質問ができようになったため、より緊張感があるものとなりました。

第三に、質問議員が図表、写真、地図などの発言補助資料を執行部に向かって掲示でき、さらにスクリーンでも映写できるようになったため、質問内容がより分かりやすくなりました。

一方で、質問と答弁を合わせて六〇分等の時間制限を設けているため、一問一答方式で質問を行った場合、答弁時間が長くなると残り時間が短くなり、発言通告した項目すべてについて質問ができなくなるという時間配分の問題も生じています。

今後、議会における政策決定、政策立案、政策提言等の機能をさらに高めていくためには、質問・答弁の方法等について、事例の研究や実践を重ね、より効果的な方法へ改善していくことが必要です。

また、開かれた議会運営を実現していくために、傍聴しやすい環境整備や情報発信などに、さらに取り組んでいく必要があると考えています。

(1) 会期　二月一二日～三月一二日
(2) この名称は、三重県議会で初めて使用
(3) 平成八年九月～平成一〇年五月
(4) 三重県議会では「議案等に関する質疑」と「県政に対する質問」があるが、この稿では、質疑・質問を「質問」の用語で統一している
(5) 北海道議会、静岡県議会、滋賀県議会、大阪府議会
(6) 静岡県掛川市議会、愛知県稲沢市議会、名古屋市議会、島根県石見町議会など
(7) 現議場は、平成二年九月の第三回定例会から供用
(8) 議員席は、五席を一連として、横に三列、前後に四列の配置
(9) 法定数は五八人、条例で定数を減じている
(10) 議員発言用演壇の新設等で約四分の一、大型映像装置の設置で約四分の三
(11) 平成一四年第四回定例会閉会　一二月二〇日
(12) 平成一五年第一回定例会開会　二月一二日
(13) 標準都道府県議会会議規則では、二回をこえることができないとなっている
(14) 後述4-4
(15) 代表質問は昭和五六年二月から、一般質問は平成一三年六月から実施
(16) 他の質問議員の質問事項に関連して行う質問で、三重県議会では、一般質問に対して、その日の一般質問終了後にまとめて、答弁を含み一人一〇分程度の持ち時間で行うこととしている
(17) 答弁を含めて、代表質問七〇分程度、一般質問六〇分程度
(18) 会期　二月一九日～六月三〇日
(19) 会期　二月一六日～一二月一九日

（20）会期　二月一九日～六月三〇日（なお、質問者数は平成二一年三月末までの数字）

（21）平成一四年一〇月～一一月　三重県議会事務局調査

（22）「都道府県議会における議会改革のための取組状況について」（平成一八年九月一日）全国都道府県議会議長会調、以降は三重県議会事務局調

（23）一般傍聴席の定員は一八〇人

本会議場の対面演壇

# 2　予算決算常任委員会の改革

予算と決算の一体的な審査・調査により
監視評価・政策提言と機能を強化

## 1　はじめに

三重県議会では、予算と決算を総合的に審査・調査する予算決算特別委員会を平成一〇年五月一五日に設置しました。

この委員会では、当初予算について予算編成が始まる前や予算要求の段階から調査を行うとともに、決算審査だけでなく、前年度の政策評価などを通じ、執行部に対して意見、提言を行うなど、翌年度の県政運営方針や予算編成につなげる活動を行ってきました。

二元代表制の下で住民から選ばれた一方の代表として、住民本位の立場に立ち、政策の決定、監視・評価、提言・

立案機能をさらに高めていくためには、この予算決算特別委員会の活動を一層充実する必要があると考え、予算と決算の一体的な審査・調査による機能の強化を図ることを目的として抜本的な改革を行い、新たな予算決算特別委員会を平成一六年五月一六日に設置しました。

その後、平成一八年六月の地方自治法改正により、常任委員会の複数所属が可能となったため、三重県議会委員会条例の一部を改正し、平成一九年四月三〇日から予算決算特別委員会に代えて、予算決算常任委員会を設置しています。

本稿では、平成一六年五月の新たな予算決算特別委員会の設置から、現在の予算決算常任委員会の設置に至るまでの約五年間の改革の経緯と内容、活動状況等についてご紹介します。

※委員会の審査・調査の模様は、三重県議会ホームページで、実況中継・録画中継ともにご覧いただけます。
http://www.pref.mie.jp/GIKAI/yoketsu.htm

## 2　予算決算特別委員会の設置

### 2-1　平成八年度以前

平成八年度以前は、予算の審査は、予算特別委員会を設置せずに各常任委員会に分割付託して審査を行っており、また、決算認定議案の審査は、決算特別委員会を設置して審査を行っていました。

この決算特別委員会は、決算認定議案の審査を行う目的で設置するため、例年、企業会計決算の審査が始まる第三回定例会で設置し、一般会計・特別会計の審査が終わる翌年の第一回定例会で廃止していました(1)。

また、委員定数は、一〇ないし一一人としていました。

### 2-2　平成九年度以降

平成九年度には、当初予算の各常任委員会への分割付託を特別委員会への一括付託に変更する目的で、予算等県財政について総合的に審査・調査する予算特別委員会を平成九年第四回定例会閉会日(2)に新設しました。

予算特別委員会は、委員定数二五人で構成し、閉会中の平成一〇年一月に予算等県財政についての調査を行うとともに、平成一〇年第一回定例会で一括付託された平成一〇年度の一般・特別・企業会計当初予算の計一六議案を審査しました。付託議案審査に係る総括質疑の際(3)には、テレビ実況中継も行いました。

しかし、今度は、重要な当初予算の審査であるにもかかわらず、議員全員が関わることができないこと、付託議案の審査期間は一日でかつ総括質疑は会派への時間配分を行うため質疑者が限られること(4)、常任委員会の機能が低下することなどの課題が生じました。

平成一〇年度には、予算と決算を総合的に審査・調査する予算決算特別委員会を、都道府県議会としては初めて(5)設置しました。

この委員会は、予算、決算等県財政についての総合的な審査・調査をその所管事項としていましたが、予算決算特別委員会が議案付託を受けるのは決算認定議案（全会計）のみで、予算については、各常任委員会への分割付託の形に戻りました。

予算については、当初予算が議会へ提出される以前の段階で、所管事項調査を行い、具体的には、予算編成が始まる以前や予算要求の段階で、執行部からその都度、資料に基づき説明を受け、調査を通じて意見、提言を行っていました。

このため、予算決算特別委員会の設置は、付託案件が生じたときにその都度設置するのではなく、議員改選直後の五月臨時会で設置(6)し、委員定数、所管事項(7)に変更がない限り、議員任期中存続させる通年設置としてきました。

委員定数は、平成一〇年度は、議員定数五五人の概ね半数程度の二五人とし、平成一一年度から一四年度までは、議員定数五五人の四分の一程度の一四人とし、平成一五年度は、議員定数五一人の四分の一程度の一三人としていました。

他の特別委員会と同様に、委員は、慣例により毎年五月の臨時会で選任を行っていました。

なお、常任委員会での予算審査と一体性を確保するため、平成一二年度から一四年度までの間は、予算決算特別委員会

表２－１　予算決算常任（特別）委員会の変遷（平成９年度以降）

| 設置期間 | 名称 | 定数、構成 | 議案付託等 |
|---|---|---|---|
| H9.10.1 ～ H10.3.10 | 決算特別委員会 | 11 人 | 決算：一括付託 |
| H9.12.19 ～ H10.5.15 | 予算特別委員会 | 25 人 | 当初予算：一括付託<br>補正予算：所管常任委員会に分割付託 |
| H10.5.15 ～ H11.4.29 | 予算決算特別委員会 | 25 人 | 決算：一括付託<br>予算：調査のみ実施、予算は分割付託し所管常任委員会で審査 |
| H11.5.14 ～ H15.4.29 | 予算決算特別委員会 | 14 人（毎年５月に委員改選、H12.5.16 ～ H15.4.29 は委員に常任委員長６人を含む） | 決算：一括付託<br>予算：調査のみ実施、予算は分割付託し所管常任委員会で審査 |
| H15.5.16 ～ H16.5.14 | 予算決算特別委員会 | 13 人 | 決算：一括付託<br>予算：調査のみ実施、予算は分割付託し所管常任委員会で審査 |
| H16.5.14 ～ H19.4.29 | 予算決算特別委員会 | 49 人（議長、監査委員を除く全議員） | 決算・予算：一括付託 |
| H19.4.30 ～ | 予算決算常任委員会 | 50 人（議長を除く全議員）、行政部門別常任委員会との複数所属 | 決算・予算：一括付託 |

の委員に各常任委員会の委員長（六人）が所属するという手法も採り入れていました。

## 3　改革の経緯

### 3-1　議案分割付託の適否

予算決算特別委員会の改革の発端は、予算を各常任委員会に分割付託しているが、議案一体の原則から問題ではないかという意識からでした。

行政実例では、条例案の分割付託は「できないものと解する[8]」、「予算は不可分であって、委員会としての最終的審査は一つの委員会において行うべく、二以上の委員会で分割審査すべきものではない[9]」として、分割付託を認めていません。

また、各種の解説書でも、議案の分割付託について、「予算については関係委員会に付託して審査している例があるが違法であること[10]」、「当初予算の審査でいつも指摘されていることは、常任委員会への分割付託である。このやり方は違法といわれているが、多くの地方議会で行われている[11]。」、「現状は違法状態が多数派だ[12]。」などとの解説されています。

このように関係常任委員会に予算を分割付託する方法は、議案一体の原則に反し、委員会での修正[13]ができないという欠点があります。

### 3－2　議会改革推進会議での検討

平成一五年一〇月一〇日に設置された三重県議会議会改革推進会議(14)の会長から、議案の分割付託の適否について調査するよう事務局に指示があり、その後、この検討は議会改革推進会議で行いました。

議会改革推進会議には三つの分科会が設置されており、このうち、議会審議の充実についての調査研究を行う第一分科会で、平成一六年二月下旬から三月上旬にかけて、予算決算特別委員会の充実に向けた検討(15)を行いました。

第一分科会の検討結果は、予算の分割付託の問題点を、①総合的・一体的な審査が困難なこと、②委員会での予算修正ができないこと、③他の委員会に付託された予算審査に関われないこととし、これを解消するには、①予算を一括付託する、②全員参加型の構成とする、③分科会での詳細審査を行う新しい形の予算決算特別委員会とする必要があるという内容でした。

この検討結果は、平成一六年三月一〇日に議会改革推進会議役員会へ報告され、役員会はこれを了承するとともに、具体的改革案を検討するため、第一分科会に七人の委員で構成する予算決算特別委員会改革検討会を設置しました。

### 3－3　予算決算特別委員会改革検討会での検討

予算決算特別委員会改革検討会では、議会改革推進会議第一分科会の検討結果を受け、具体的改革案について、三月中旬から四月下旬にかけて集中的に検討を重ねました。

四回(16)にわたる検討の後、「予算決算特別委員会の改革についての検討結果」を取りまとめ、平成一六年四月二六日に議会改革推進会議役員会及び代表者会議で報告し了承され、四月二八日には議会運営委員会で了承されました。

検討結果の内容は、改革の基本的な考え方をもとに、委員会の構成、委員会の内部組織、委員会の審査・調査の方法などの具体的改革案を示しました。

また、このことに関連して、審査・調査の充実に伴い、定例会の会期が会議規則に定めるおおむねの会期日数を超えることとなるため、当該規定を削除する方向で検討するよう議会運営委員会に提案すること(17)、テレビ実況中継について実施する方向で検討するよう代表者会議及び広報委員会に提案すること(18)なども盛り込みました。

### 3-4　新しい予算決算特別委員会の設置

この検討結果を受け、平成一六年五月一四日の第一回臨時会において、所管事項を「予算、決算等財政に関する総合的な審査・調査」とし、定数を四九人とする「予算決算特別委員会」を設置しました。

予算決算特別委員会は、同日、委員会を開催し、委員会の内部組織、委員会審査・調査の方法、開催場所等を定める「予算決算特別委員会運営要領(19)」を決定しました。

新しい予算決算特別委員会の概要は、次のとおりです。

① 予算と決算を総合的一体的に審査・調査する予算決算特別委員会を引き続き設置し、予算の審査について、従来の常任委員会への分割付託を改め、予算決算特別委員会への一括付託としました。この結果、付託議案は、従来の決算認定議案に加え、全ての予算、予算関連議案、決算関連議案となりました。

② 委員会の定数は、従来一三人であったのを四九人とし、議長及び監査委員である議員を除く全ての議員とする全員参加型に改めました。

③ 詳細な審査・調査を行うため、委員会に六つの分科会を置き、委員会が付託を受けた議案等のうち、それぞれの所管に関する部分を分担して審査・調査することとしました。

④　委員会の運営を協議するため、委員長、副委員長及び理事で構成する理事会を設置しました。
⑤　委員会の開催場所は、全員協議会室とし、本会議と同様にその配置を対面演壇方式としました。

### 3-5　引き続きの改革

平成一六年五月の抜本的な改革の後も、予算と決算の一体的な審査・調査の充実に向けて様々な改革を積み重ねました。

平成一七年度からは、決算認定審査の早期化、インターネットによる実況・録画中継の実施等をはじめ、案件に応じた効果的な審査・調査方法を用いることとしました。

特に一般会計・特別会計決算審査の早期化(20)については、予算決算特別委員会だけでなく議会全体の改革に関わることから、理事会での検討(21)を踏まえ、議会改革推進会議でも検討(22)し、最終的に平成一六年一二月一六日の代表者会議で決定しました。

また、平成一八年一〇月からは、総括質疑における発言通告制を廃止するなど、より議論が活発になるような取組も行いました。

### 3-6　予算決算常任委員会の設置

平成一八年六月の地方自治法の一部改正により、これまで「議員は、それぞれ一箇の常任委員となるもの」とするとされていた所属制限が廃止され、「議員は、少なくとも一の常任委員になるもの」とすると改正されました。

これに伴い、議員の常任委員会への複数所属が可能となったため、平成一八年一二月に三重県議会委員会条例を一部改正し、平成一九年四月三〇日から予算決算常任委員会を設置して、従来の行政部門別の常任委員会との複数所属としました。

新しく設置した予算決算常任委員会は、所管事項を「予算及びこれに関すること」及び「決算及びこれに関すること」とし、委員の任期を一年、定数を議長を除く全議員五〇人としています。

予算決算常任委員会における分科会、理事会等の構成や審査・調査等の運営方法は、従来の予算決算特別委員会をほぼ踏襲しています。

## 4　予算決算常任委員会の構成

### 4－1　全員参加型の委員会

予算決算常任委員会の委員は、議長を除く全ての議員で、委員定数は、議員定数五一人から一人を減じた五〇人としています。

全員参加型としたのは、全ての議員が予算、決算認定議案の委員会審査に関わることができるようにしたためです。

議長は、議会全体の統制者であることから委員から除いていますが、副議長は、議長に事故がない限り一般の議員と全く同じ地位にあるので委員に含めています。

また、監査委員である議員は、監査委員として決算の審査を行っており、権限が競合するということで、議会運営委員会申合せに従い、予算決算特別委員会では委員から除いていました。

しかし、監査委員である議員が、制度上の制約等により良識的限界を持つ立場に置かれていることを十分に理解した上でそれぞれの立場で活動を行う限りにおいては、常任委員として決算審査に加わっても支障はないという考え方から、申合せを改正し、平成一九年四月の常任委員会化の際に、監査委員である議員も常任委員として予算、決算等の審査、調査に加われるようにしています。

### 4－2　分科会の設置

予算決算常任委員会には、六つの分科会を設置しています。

全員参加型の委員会で詳細審査・調査を行うには、分担して行う方法が効果的・効率的であるからです。

分科会は、政策総務分科会、防災農水商工分科会、生活文化環境森林分科会、健康福祉病院分科会、県土整備企業分科会、教育警察分科会の六つで、分科会の所管部局等は、それぞれ相当する行政部門別常任委員会と同一としています。

また、委員の分科会所属は、委員が所属する行政部門別常任委員会と同一とし、分科会には、委員長、副委員長を置き、それぞれ相当する行政部門別常任委員会の委員長、副委員長をもって充てることとしています。

### 4－3　理事会の設置

予算決算常任委員会は、全員参加型の委員会であることから、委員会の円滑な運営を図るために理事会を設置しています。

理事会の構成は、委員長、副委員長及び理事数名です。なお、予算決算常任委員会の議事調整は、本会議など議会全体の議事調整と密接に関わることから、理事は、原則として議会運営委員会の委員のうちから委員会で選任することとしています（委員会が認めた場合を除く）。

具体的な任務は、審査・調査日等の日程調整、総括質疑の実施の有無、質疑、質問者の調整、付託議案の取り扱い等について協議することですが、平成一六年度は改革の初年度であったため、案件ごとに一から委員会審査・調査の方法を協議してきました。

また、委員長が必要と認めるときは、理事以外の者に対して理事会への出席を求めることができ、分科会委員長を含めた拡大理事会を開催[23]することもあります。なお、理事は会派の代表として協議を行うという性格上、理事に事故があるときは、委員長の許可を得て代理者を出席させることができることとしています。

## 5　予算決算常任委員会の審査・調査

### 5-1　案件に応じた審査・調査方法

予算決算常任委員会が付託を受けた議案の審査方法は、まず委員会での総括質疑を行い、次に分科会での部局別審査を行い、最後に委員会で分科会委員長報告、締めくくり総括質疑、討論、採決を行うことを基本としています[24]。

これは、いわばフルパターンの審査方法であり、総括質疑の省略、締めくくり総括質疑の省略、分科会での詳細審査の省略など、案件に応じてそれぞれ効果的な審査方法を理事会で協議、決定し行っています。

当初予算や一般会計・特別会計の決算審査を行う委員会では、パターンA、パターンBのとおり、委員会で総括質疑を行った後、六分科会で分担して詳細審査を行い、最後に委員会で分科会委員長報告、採決を行う方法をとっています。

なお、一般会計・特別会計の決算審査の場合は、パターンAのとおり、総括質疑の前に、会計管理者、監査委員から説明を受ける委員会を開催しています。

締めくくり総括質疑は、理事会が必要と認めた場合に実施できますが、当面は、重大案件がない場合は実施しないものとしています。

補正予算や企業会計の決算審査を行う委員会では、パターンC、パターンDのとおり、委員会の総括質疑を省略して、まず、該当の分科会で分担して詳細審査を行った後、委員会で分科会委員長報告、採決を行う方法をとっています。

なお、企業会計の決算審査の場合は、パターンCのとおり、総括質疑の前に、公営企業管理者[25]、監査委員から説明を受ける委員会を開催しています。

パターンEは、分科会での詳細審査を行わず、委員会のみで審査、採決を行う方法で、これまで、先議議案[26]の審査の場合に用いています。

予算決算常任委員会の所管事項調査の方法も、その案件に応じ理事会で調査方法を決定することとしています。

具体的には、委員会のみで行う場合[27]、分科会のみで行う場合[28]、その

**表5－1　予算決算常任委員会の付託議案審査方法パターン**

| | | パターンA | パターンB | パターンC | パターンD | パターンE |
|---|---|---|---|---|---|---|
| 審査順 | 委員会 | 補充説明 | | 補充説明 | | |
| | 委員会 | 総括質疑 | 総括質疑 | | | |
| | 分科会 | 詳細審査 | 詳細審査 | 詳細審査 | 詳細審査 | |
| | 委員会 | 報告・採決 | 報告・採決 | 報告・採決 | 報告・採決 | 補充説明・採決 |
| 具体例 | 対象案件 | 決算審査（一般・特別） | 当初予算関係 | 決算審査（企業） | 補正予算関係 | 先議議案関係 |
| | 過去の例 | 平成19年第3回定例会閉会後 | 平成20年第1回定例会 | 平成19年第3回定例会 | 平成19年第4回定例会など | 平成20年第1回定例会など |

両方で行う場合(29)に分けられます。

また、委員会での質問方法についても、事前に会派に時間配分をする方法(30)、時間配分をせず質問を受け付ける方法に分けられます。

このように、予算決算常任委員会の審査・調査の方法は、その案件に応じて、より効果的な方法を理事会で協議し、決定しています。

### 5－2　総括質疑

総括質疑は、予算決算常任委員会が付託を受けた議案について、審査の初めに行うものですが、省略もできるものとしており、付託予定議案提出日の概ね一週間前に開催する理事会で実施の有無を決定することとしています。なお、当面、当初予算審査、一般会計・特別会計決算審査にあっては一日間実施し、その他の審査にあっては、重大案件がない場合は実施しないものとしています。

総括質疑は、平成一六年五月以降、毎年度、一般会計・特別会計の決算審査(31)及び当初予算審査(32)において実施しています。各会派に午前二時間、午後二時間の合計四時間について質疑時間を配分をし、発言通告制を用い、知事出席を求めて対面演壇方式で行ってきましたが、平成一八年一〇月からは発言通告制を廃止しています。

### 5－3　分科会での詳細審査・調査

分科会は、委員会が付託を受けた議案等のうち、その所管に関する部分をそれぞれ分担して、詳細な審査又は調査を行います。

分科会の開催には、分科会のみを単独で開催する場合、行政部門別常任委員会と同日開催をする場合の二とおりの方法があります。

一般会計・特別会計決算審査の際には、通常、分科会のみを一日三分科会同日開催し、二日間かけて行います。また、予算及び予算関連議案の審査の際には、通常、行政部門別常任委員会と同日開催し、一分科会当たり部局別に二日間審査し、一日三分科会で四日間かけて行います（平成二〇年第一回定例会から）。

分科会と行政部門別常任委員会を同日開催する場合の議事は、部局ごとに分科会と行政部門別常任委員会を区分して行うこととしています。

分科会での採決は、委員会運営要領で、「分科会委員長は、必要に応じ、分科会委員の明確な意思を確認することができる(33)。」こととしており、絶対要件ではありませんが、明確な結論を出すことが望ましいことから基本的には採決を行うものとし、可否が決しがたい場合や本委員会での採決に委ねることが適当であると判断される場合などは、分科会としての結論を出さず、分科会報告も経過報告だけにとどめることができる(34)ことを理事会で確認しています。

### 5-4　採決を行う委員会

分科会での詳細審査の後、採決を行う委員会では、通常、分科会ごとに、分科会委員長報告、委員長報告に対する質疑、執行部に対する補足質問を繰り返し、採決を行う前に再度全体的な補足質問を受けた後、討論、採決を行う方法をとっています。

締めくくり総括質疑は、理事会が必要と認めた場合に実施し、当面、重大案件がない場合は実施しないものとしており、これまで実施した事例はありませんでしたが、平成一九年第二回定例会において、補正予算を重大案件として初めて実施(35)しました。

## 5－5　付託議案

予算決算常任委員会に付託する議案は、予算、予算関連議案、決算認定議案及び決算関連議案です。

予算については、一般会計、特別会計、企業会計の全て(36)の会計で、当初予算だけでなく補正予算も付託します。また、補正予算の専決処分承認議案も含まれます。

予算関連議案については、議会運営委員会(37)で、その選別の基準を次の三区分と定めています。

なお、個々の議案について、予算関連議案か否か疑義が生じる場合は、その都度、議会運営委員会で協議、決定しています。

①　予算の根幹部分に係る制度の改廃に係る議案

　例：特別会計の設置、改正、廃止を内容とする条例、基金の設置、改正、廃止を内容とする条例など

②　歳入予算を伴う議案

　例：県税関係条例、分担金、負担金、使用料、手数料関係条例など

③　歳出予算を伴う議案（予算の執行に係る議案を除く）

　例：職員等給与に関する条例など

決算認定議案については、一般会計、特別会計、企業会計の全ての会計です。

決算関連議案としては、平成一六年第三回定例会で、「三重県病院事業欠損金の資本剰余金による処理について」の議案が該当しました(38)。

## 5－6　決算審査の早期化

議会による決算の審査は、二元代表制の下、住民から選ばれた一方の代表として、知事が提出する決算認定議案

を審査の上、認定・不認定の決定を行うものですが、この審査は単に財務事務の適正性を確認するだけでなく、事業の成果を判断し、本年度の予算執行や翌年度の予算編成に反映させていくことも目的としています。

予算と決算を総合的一体的に審査・調査し、従来にも増して前年度の決算審査の結果を翌年度の予算編成に反映させるためには、より早い段階で決算認定議案の審査を行い、それを通じて政策提言を行うことが必要です。

このため、平成一六年度（平成一五年度決算）から企業会計について、平成一七年度（平成一六年度決算）から一般会計・特別会計について、決算認定議案の審査の早期化を図りました。

企業会計の決算認定については、従来、議案提出は第三回定例会開会日（九月中旬）、議決は、平成九年度（八年度決算）までは第四回定例会閉会日（一二月中旬）、平成一〇年度（九年度決算）からは第四回定例会開会日（一一月下旬）としていましたが、平成一六年度（一五年度決算）からは第三回定例会閉会日（一〇月中旬）としました。

表5－2　決算認定審査時期の推移

| | 一般会計・特別会計 | | 企業会計 | |
|---|---|---|---|---|
| | 提出 | 議決 | 提出 | 議決 |
| ～平成９年度<br>（8年度決算～） | 第４回定例会<br>開会日<br>（11月下旬） | 第１回定例会<br>会期中<br>（3月上旬） | 第３回定例会<br>開会日<br>（9月中旬） | 第４回定例会<br>閉会日<br>（12月中旬） |
| 平成10年度～<br>（9年度決算～） | 第４回定例会<br>開会日<br>（11月下旬） | 第４回定例会<br>閉会日<br>（12月中旬） | 第３回定例会<br>開会日<br>（9月中旬） | 第４回定例会<br>開会日<br>（11月下旬） |
| 平成16年度<br>（15年度決算～） | 第４回定例会<br>開会日<br>（11月下旬） | 第４回定例会<br>閉会日<br>（12月中旬） | 第３回定例会<br>開会日<br>（9月中旬） | 第３回定例会<br>閉会日<br>（10月中旬） |
| 平成17年度～<br>（16年度決算～） | 第３回定例会<br>閉会日<br>（10月中旬） | 第４回定例会<br>開会日<br>（11月下旬） | 第３回定例会<br>開会日<br>（9月中旬） | 第３回定例会<br>閉会日<br>（10月中旬） |
| 平成20年度～<br>（19年度決算～） | 第２回定例会<br>会期中<br>（10月中旬） | 第２回定例会<br>会期中<br>（11月下旬） | 第２回定例会<br>開会日<br>（9月中旬） | 第２回定例会<br>会期中<br>（10月中旬） |

一般会計・特別会計の決算認定については、平成九年度（八年度決算）までは、第四回定例会開会日に議案提出、第一回定例会会期中（三月上旬）に議決をしていましたが、平成一〇年度（九年度決算）からは、第四回定例会開会日に議案提出、同定例会閉会日に議決をしていました。

これを、平成一七年度（一六年度決算）からは、第三回定例会閉会日に議案提出、同定例会閉会後、第四回定例会開会前の閉会中の間に予算決算特別委員会で付託議案の審査を行い、同定例会開会日に議決することとしました。

執行部の当初予算編成は、一〇月中旬に予算調製方針決定の後、一一月下旬に各部局からの予算見積書の提出を経て、審査、調整が重ねられ、最終的に知事査定を行い、二月上旬に予算が決定されます。

従来のように、一般会計・特別会計の決算認定議案の提出時期が一一月中旬の第四回定例会開会日、議決時期が一二月中旬の同定例会閉会日では、既に各部局からの当初予算要求が行われ、当初予算編成作業は調整の段階となっています。

このため、決算認定議案の提出時期を一〇月中旬の第三回定例会閉会日に、また、議決時期を一一月中旬の第四回定例会開会日に早めることにより、各部局が当初予算の要求を固めるまでに、決算審査を通じ予算編成に反映させるための政策提言を行うことができるようになりました[39]。

平成二〇年度（一九年度決算）からは、定例会年二回制の導入に伴い、表5－2のとおり決算審査を行っています（提出、議決時期については従来どおり）。

### 5－7　前年度の政策評価

予算決算常任委員会は、前年度の実績を、決算審査だけでなく政策評価などを通じて翌年度の県政運営方針や予算編成につなげる活動を行っています。

知事は、「前年度に県が取り組んだ事業やその成果、課題などを県民の皆さんにお伝えする基本的な情報」として、県政報告書を毎年七月に作成します。

その内容は、前年度の県政運営と本年度の展開についての総括をはじめ、六三施策ごとに施策の目的、施策目標と実績（数値）、概算コスト、前年度を振り返っての評価、評価結果を踏まえた本年度の取組方向を取りまとめたシート、三〇の重点プログラムごとに目標、現段階での進展度と総合的評価、今後の課題、取組方針、プログラムを構成する事業と取組内容などを取りまとめたシートなどから構成されています。

この県政報告書は、第一回定例会会期中（六月頃）に未定稿の段階で議会に示され、議会は、各行政部門別常任委員会で調査を行うとともに、各常任委員会での意見のまとめを参考として、七月中旬(40)に予算決算常任委員会を開催し、予算決算の視点から総合的、総括的な調査を行います。

これらの調査結果に基づき、「県政報告書に基づく今後の県政運営等に関する申入書」を作成し、予算決算常任委員会正副委員長と各行政部門別常任委員長の連名で、八月上旬(41)に知事に対して申入れを行います。

## 5-8　予算編成過程での調査

予算決算常任委員会は、付託を受けた予算の審査を行うだけではなく、当初予算については、予算編成が始まる以前や予算要求の段階から調査を行い、意見、提言を行っています。

当初予算は、執行部による数ヶ月にわたる編成作業を経て、二千強もの事業から組み立てられています。当初予算が編成され、予算が議会に提出された後に一から審査していく方法は、審査期間が限られていることから現実的ではありません。特に、当初予算については審査期間が年度末までと限られているため、ほとんどの地方議会で原案可決となる例が多くなっています。

議会は、二元代表制の下、住民から選ばれた一方の代表として、翌年度の政策についての意見・提言を、早い段階である、知事から予算が提出される前の予算編成過程で示し、提出された予算の審査でその実現状況を確認し、最終的に予算について可決、修正、否決を議決することが必要です。

このため、予算決算常任委員会では、調査等を概ね次のとおり行っています。

① 七月中旬に、財政当局から「県財政の現状」について説明を受け、調査します。

② 一〇月中旬に、知事から翌年度の県政運営方針（案）と「当初予算調製方針」の説明を受け、質疑を行います。質疑の方法は、午前中二時間を各会派に時間配分した上で、質疑事項についての事前通告は行わずに、知事に対して総括的な質疑を行います。

③ 一〇月下旬に、各部局長から、予算調製方針を受け各部局が予算要求を行うまでの段階で、「当初予算編成に向けての基本的な考え方」を施策別(42)、重点事業、みえの舞台づくりプログラム別(43)に説明を受け、調査します。

④ 一二月中旬に、各部局長から、当初予算要求をとりまとめた時点の施策別・款別・部局別などの要求額一覧、施策別要求概要、重点事業、みえの舞台づくりプログラム別要求概要、新規事業・廃止事業・休止事業・リフォーム事業等一覧の各種資料の提出と、それをもとに「予算要求状況」を施策別、重点事業、みえの舞台づくりプログラム別に説明を受け、調査します。

⑤ 一二月下旬の定例会閉会日に、本会議において予算決算常任委員長から、これらの調査の過程において特に議論のあった項目を取りまとめた中間報告を行います。

## 5－9　対面演壇方式の採用

委員会は、全員参加型の委員会であるため、全員協議会室で開催しています。

通常の質疑応答は、委員、執行部とも自席から行いますが、総括質疑[44]の場合など[45]には、質疑応答は、対面演壇で行います。

また、分科会は、各行政部門別常任委員会室で開催しています。

図5－3　対面演壇の配置

## 5－10　テレビ実況中継・インターネット中継

三重県議会では、常任委員会及び特別委員会のインターネットによる実況・録画中継を実施[46]しており、予算決算常任委員会も、分科会も含め、全ての審査・調査についてインターネットによる実況・録画中継を実施しています。

また、総括質疑は、本会議の代表質問、一般質問と同様に、テレビで実況中継を実施しています。

この他、委員会会議録は、三重県議会のホームページで公開しています。

## 5－11　平成一六～二〇年度の活動状況

平成一六年度から二〇年度までの活動状況は次のとおりです。

### ●平成一六年度の活動状況

予算決算特別委員会の平成一六年度活動状況は、表5－3のとおりとなりました。

平成一五年度の委員会の開催回数一三回、開催日数一三日と比べると、開催回数、日数とも大幅に増え、審査・調査の充実が図られています。

委員会の開催回数一六回の内訳は、会期中の開催が一三回、閉会中の開催が三回で、審査・調査の内容別の内訳は、付託議案の審査が一〇回、所管事項の調査が六回、正副委員長の互選等が一回でした(47)。

また、分科会の開催回数三一回の内訳は、分科会のみの単独開催が一二回、常任委員会との同日開催が一九回でした。

表5－3　平成16年度予算決算特別委員会活動状況

| | 開催回数 | 開催日数 |
|---|---|---|
| 委員会 | 16 | 16 |
| 分科会 | 31 | 14 |
| 理事会 | 19 | 19 |
| 合計 | 66 | 49 |
| 重複日を除く実数 | | 44 |

●平成一七年度の活動状況

予算決算特別委員会の平成一七年度活動状況は、表5－4のとおりとなりました。

委員会の開催回数二〇回の内訳は、会期中の開催が一三回、閉会中の開催が七回で、審査・調査の内容別の内訳は、付託議案の審査が一四回、所管事項の調査が六回、正副委員長の互選等が一回でした(47)。

また、分科会の開催回数三〇回の内訳は、分科会のみの単独開催が一二回、常任委員会との同日開催が一八回でした。

表5－4　平成17年度予算決算特別委員会活動状況

| | 開催回数 | 開催日数 |
|---|---|---|
| 委員会 | 20 | 20 |
| 分科会 | 30 | 13 |
| 理事会 | 22 | 21 |
| 合計 | 72 | 54 |
| 重複日を除く実数 | | 47 |

●平成一八年度の活動状況

予算決算特別委員会の平成一八年度活動状況は、表5－5のとおりとなりました。

委員会の開催回数一九回の内訳は、会期中の開催が一二回、閉会中の開催が七回で、審査・調査の内容別の内訳は、付託議案の審査が一四回、所管事項の調査が五回、正副委員長の互選等が一回でした(47)。

また、分科会の開催回数三〇回の内訳は、分科会のみの単独開催が六回、常任委員会との同日開催が二四回でした。

**●平成一九年度の活動状況**

予算決算常任委員会の平成一九年度活動状況は、表5－6のとおりとなりました。

委員会の開催回数一九回の内訳は、会期中の開催が一二回、閉会中の開催が七回で、審査・調査の内容別の内訳は、付託議案の審査が一四回、所管事項の調査が五回、正副委員長の互選等が一回でした(47)。

また、分科会の開催回数三〇回の内訳は、分科会のみの単独開催が六回、行政部門別常任委員会との同日開催が二四回でした。

**●平成二〇年度の活動状況**

予算決算常任委員会の平成二〇年度活動状況は、表5－7のとおりとなりました。

委員会の開催回数二一回の内訳は、会期中の開催が二〇回、閉会中の開催が一回で、審査・調査の内容別の内訳は、付託議案の審査が一五回、所管事項の調査が五回、正副委員長の互選等が二回でした(47)。

また、分科会の開催回数六二回の内訳は、分科会のみの単独開催が一一回、行政部門別常任委員会との同日開催が五一回でした。

表5－5　平成18年度予算決算特別委員会活動状況

| | 開催回数 | 開催日数 |
|---|---|---|
| 委　員　会 | 19 | 19 |
| 分　科　会 | 30 | 14 |
| 理　事　会 | 23 | 22 |
| 合　　　計 | 72 | 55 |
| 重複日を除く実数 | | 43 |

表5－6　平成19年度予算決算常任委員会活動状況

| | 開催回数 | 開催日数 |
|---|---|---|
| 委　員　会 | 16 | 16 |
| 分　科　会 | 36 | 15 |
| 理　事　会 | 24 | 21 |
| 合　　　計 | 76 | 52 |
| 重複日を除く実数 | | 41 |

なお、平成二〇年一〇月三〇日には、平成二〇年度一般会計補正予算の審査において、分科会の詳細審査結果を受けて、予算決算常任委員会として初めて予算修正を行い、本会議で修正議決しました。

## 6　おわりに

三重県議会では、予算決算常任委員会を設置し、予算と決算の一体的な審査・調査による監視評価、政策提言機能の強化を図ってきました。

今後も、さらに実践や事例の研究を重ね、機能強化に向けた取組を進めていくこととしています。

表5－7　平成20年度予算決算特別委員会活動状況

| | 開催回数 | 開催日数 |
|---|---|---|
| 委員会 | 21 | 19 |
| 分科会 | 62 | 22 |
| 理事会 | 25 | 21 |
| 合計 | 108 | 62 |
| 重複日を除く実数 | | 47 |

［注］

（1）この頃は、企業会計決算認定議案は第三回定例会開会日（九月中旬）に提出、第四回定例会閉会日（一二月中旬）に議決、一般会計・特別会計決算認定議案は第四回定例会開会日（一一月下旬）に提出、第一回定例会中（三月上旬）に議決していた

（2）平成九年一二月一九日

（3）平成一〇年三月一九日

（4）平成一〇年三月一九日の質疑者は午前六人、午後九人の計一五人

(5) 平成一六年一〇月現在　この後、茨城県議会が平成一七年三月から平成一八年一二月まで予算決算特別委員会を設置
(6) 設置は、平成一〇年五月一五日、平成一一年五月一四日（改選年）、平成一五年五月一六日（改選年）、平成一六年五月一四日（委員定数変更）
(7) 平成一〇年五月一五日に初めて予算決算特別委員会を設置して以来、「予算、決算等県財政に関する総合的な審査・調査」という所管事項には変更がない
(8) 昭和二八年四月六日　秋田県議会事務局長あて自治庁行政部行政課長回答
(9) 昭和二九年九月三日　山口県議会議員あて自治庁行政部行政課長回答
(10) 地方議会研究会編著「議員・職員のための議会運営の実際一五」
(11) 野村稔著「地方議会改革宣言」
(12) 野村稔著「地方議会改革宣言」
(13) 三重県議会では、予算案を否決した事例はないが、予算案を修正議決した事例は、昭和二四年に二件、昭和二五年に一件、平成二〇年に一件ある
(14) 議会改革推進会議は、地方分権の時代にふさわしい三重県議会及び都道府県議会の在り方について調査研究を進めるとともに、改革を目指す他の都道府県議会との相互交流を図る目的で、全議員参加のもと平成一五年一〇月一〇日に設置されたもので、その後、三重県議会基本条例（平成一八年三重県条例第八三号）第二一条でその設置が規定された
(15) 平成一六年二月二三日、三月三日
(16) 平成一六年三月一八日、三〇日、四月一三日、二一日
(17) 平成一六年四月二八日議会運営委員会決定　五月一一日議決　五月二五日公布施行
(18) 総括質疑のテレビ実況中継　平成一六年九月一四日広報委員会決定　一〇月一三日代表者会議決定
(19) 参考資料「予算決算常任委員会運営要領」
(20) 内容については、後述5-6
(21) 平成一六年九月七日、一〇月八日、一一月一一日
(22) 平成一六年一一月二九日第一分科会　一二月一五日役員会

(23)　平成一六年六月四日、平成一七年六月八日、平成一七年七月六日、平成一八年六月一二日、平成一九年六月七日、平成二〇年六月一〇日
(24)　予算決算常任委員会運営要領四
(25)　企業庁長、病院事業庁長
(26)　緊急を要するため予定された採決日や閉会日を待たずに会期の途中で議決する議案
(27)　例：平成一八年七月一四日の三重県財政の現状調査
(28)　例：各定例会中の補助金条例に基づく補助金調書の調査
(29)　例：第四回定例会中の当初予算要求状況調査
(30)　例：平成一八年一月一八日の当初予算編成状況の調査
(31)　平成一六年一二月二日、平成一七年一一月二日、平成一八年一一月二日、平成一九年一一月二日
(32)　平成一七年三月九日、平成一八年三月一〇日、平成一九年三月二日、平成二〇年三月一〇日
(32)　予算決算常任委員会運営要領六（3）
(34)　分科会での採決を取らなかった事例は、過去三例ある。（平成一六年一〇月六日教育警察分科会、平成一七年三月一四日健康福祉環境森林分科会、平成一九年六月二二日教育警察分科会）
(35)　平成一九年六月二七日
(36)　一般会計、特別会計一一、企業会計四の合計一六会計
(37)　平成一六年五月三一日、平成一九年六月一二日
(38)　地方公営企業法施行令第二四条の三第二項の規定により議会の議決を要する
(39)　決算審査と当初予算編成との関係は、参考資料「予算決算常任委員会の活動フロー」を参照
(40)　平成一六年七月一六日、平成一七年七月一三日、平成一八年七月一四日、平成一九年七月一二日
(41)　平成一六年八月三日、平成一七年八月二日、平成一八年八月七日、平成一九年七月三〇日。なお、平成一六年は予算決算特別委員会正副委員長のみ
(42)　総合計画「県民しあわせプラン」の政策・事業体系に基づく六三施策

(43) 重点事業二一、みえの舞台づくりプログラム一一

(44) 5-2参照

(45) 総括質疑のほか、当初予算調製方針についての調査の総括的な質疑

(46) 実施は平成一七年第三回定例会から

(47) 一回の開催で審査と調査を行った委員会があるため、合計と一致しない

資料　1

**予算決算常任委員会運営要領**

〔平成１９年５月１８日
予算決算常任委員会決定〕

〔沿革〕平成２０年３月３１日改正

**（目的）**

1　この要領は、予算決算常任委員会（以下「委員会」という。）の運営に関し必要な事項を定めるものとする。

**（分科会の設置）**

2　委員会に、次の表の左欄に掲げる分科会を置き、これらの分科会の所管は、委員会の所管のうち、それぞれ同表の右欄に掲げる部局等に関連するものとする。

| 名　　　称 | 所　　　　　管 |
|---|---|
| 政策総務分科会 | 政策部　総務部　出納局　監査委員　人事委員会　選挙管理委員会　収用委員会　他の分科会の所管に属しないもの |
| 防災農水商工分科会 | 防災危機管理部　農水商工部　海区漁業調整委員会　内水面漁場管理委員会 |
| 生活文化環境森林分科会 | 生活・文化部　環境森林部　労働委員会 |
| 健康福祉病院分科会 | 健康福祉部　病院事業庁 |
| 県土整備企業分科会 | 県土整備部　企業庁 |
| 教育警察分科会 | 教育委員会　公安委員会 |

(1)　分科会に委員長及び副委員長を置き、それぞれ三重県議会委員会条例（昭和 31 年三重県条例第 65 号）第 2 条第 1 項第 1 号から第 6 号までに規定する常任委員会（以下「行政部門別常任委員会」という。）の委員長及び副委員長をもって充てる。

(2)　委員の分科会所属は、委員が所属する行政部門別常任委員会と同一とする。

(3)　分科会委員長に事故があるとき又は分科会委員長が欠けたときは、分科会副委員長が分科会委員長の職務を行う。

(4)　分科会委員長及び分科会副委員長ともに事故があるときは、年長の委員が分科会委員長の職務を行う。

**（理事会の設置）**

3　委員会の円滑な運営を図るため、委員会に理事会を置く。

(1)　理事会は、委員長、副委員長及び理事で構成する。

(2)　理事は、議会運営委員会の委員のうちから委員会で選任する。ただし、委員会が認めた場合は、この限りでない。

(3)　理事会は、委員長が招集し、審査調査日等の日程調整、総括質疑の実施の有無、質疑、質問者の調整、付託議案の取扱い等について協議する。

(4)　委員長が必要と認めるときは、理事以外の者に対して出席を求めることができる。

(5)　理事に事故があるときは、委員長の許可を得て代理者を出席させることができる。

**（審査・調査）**

4　付託議案の審査については、委員会での総括質疑、分科会での部局別審査、委員会での分科会報告、締めくくり総括質疑、討論及び採決を基本とする。また、所管事項の調査については、その案件に応じ理事会で調査方法を決定するものとする。

**（総括質疑）**

5　総括質疑は、省略できるものとし、実施の有無は、議案上程を行う本会議のおおむね１週間前に開催する理事会で決定するものとする。なお、当面、当初予算審議及び一般会計・特別会計決算審議にあっては１日間実施し、その他の審議にあっては重大案件がない場合は実施しないものとする。
(1)　総括質疑時において、議案補充説明は、原則として行わないものとする。
(2)　総括質疑の実施に当たっては、原則として、会派に総質疑時間を配分する。時間配分方法、各会派の配分時間数、発言者の人数、順序等の詳細は、理事会で調整し決定するものとする。
(3)　原則として、質疑及び答弁は、演壇で行うものとする。
(4)　総括質疑の内容は、委員会の趣旨に沿ったものとする。

**（分科会の審査・調査）**

6　分科会は、委員会が付託を受けた議案等のうちその所管に関する部分を分担して審査又は調査する。
(1)　分科会と行政部門別常任委員会を同日開催する場合の議事は、部局ごとに分科会と常任委員会を区分するものとする。
(2)　分科会委員長は、必要に応じ、分科会委員の明確な意思を確認することができる。

**（締めくくり総括質疑）**

7　締めくくり総括質疑は、理事会が必要と認めた場合に実施できる。なお、当面は、重大案件がない場合は実施しないものとする。

**（出席説明員の範囲）**

8　出席説明員の範囲は、次のとおりとする。
(1)　総括質疑を実施する委員会にあっては、知事以下幹部の出席を求めるものとする。
(2)　採決を行う委員会にあっては、締めくくり総括質疑がない場合は、部局長等以下の幹部の出席を求めるものとする。
(3)　当初予算調製方針について調査を行う委員会にあっては、知事以下幹部の出席を求めるものとする。
(4)　(3) 以外の調査を行う委員会にあっては、原則として、部局長等以下の幹部の出席を求めるものとする。
(5)　(1) から (4) のいずれの場合にあっても、行政委員会の委員については、必要に応じて出席を求めるものとする。

**（委員会の開催場所）**

9　委員会の開催は、全員協議会室で行うものとし、その配置は対面演壇方式とする。
また、分科会の開催は、各行政部門別常任委員会室で行うものとする。

**（その他）**

10　この要領に定めるもののほか、委員会の運営に関し必要な事項は、委員長が理事会に諮って決定するものとする。

**附　則**

この要領は、平成２０年４月１日から施行する。

**資料　2**

**平成 19 年度　予算決算常任委員会活動状況**

| 年月日 | 委員会 | 分科会 | 理事会 | その他 | 議会の開閉会中の別 | 案　　件 |
|---|---|---|---|---|---|---|
| H19. 5. 18 | ①互選 | | | | 第 1 回臨時会 | 正副委員長互選・理事の選任<br>委員会運営要領決定 |
| H19. 5. 30 | | | | ○ | | 正副委員長勉強会 |
| H19. 5. 31 | | | ① | | | 委員会運営全般協議（新理事）<br>6/27　議事運営協議 |
| H19. 6. 7 | | | ② | | 第 2 回定例会 | 委員会運営全般協議 |
| H19. 6. 7 | | | ③拡大 | | | 委員会運営全般協議（各新委員長） |
| H19. 6. 21 | | 政策防災<br>環境森林農水商工 | | | | 分科会詳細審査 |
| H19. 6. 22 | | 県土整備企業<br>教育警察 | | | | 分科会詳細審査 |
| H19. 6. 25 | | 総務生活<br>健康福祉病院 | | | | 分科会詳細審査 |
| H19. 6. 26 | | | ④ | | | 6/27　議事運営協議<br>2007 年版県政報告書審査方法 |
| H19. 6. 27 | ②審査 | | | | | 付託議案審査（締めくくり総括質疑）<br>採決 |
| H19. 6. 27 | | | ⑤ | | | 委員長報告文案協議 |
| H19. 7. 12 | ③調査 | | | | | 2007 年版県政報告書<br>三重県財政の現状の調査 |
| H19. 7. 12 | | | ⑥ | | | 2007 年版県政報告への知事への申入書検討 |
| H19. 7. 19 | | | ⑦ | | | 知事申入れ案打合せ |
| H19. 7. 30 | | | | ○ | | 2006 年版県政報告書、知事への申入れ（正副委員長及び各常任委員長） |
| H19. 9. 20 | | | ⑧ | | | 第 3 回定例会議事運営協議<br>企業会計決算審査方法協議ほか |
| H19. 9. 27 | | | ⑨ | | 第 3 回定例会 | 予算調査の進め方協議 |
| H19. 10. 10 | ④審査 | | | | | 企業会計決算審査 |
| H19. 10. 10 | | | ⑩ | | | 一般・特別会計決算審査方法協議　他 |
| H19. 10. 11 | | 健康福祉病院<br>環境森林農水商工 | | | | 分科会詳細審査・企業会計決算（病） |
| H19. 10. 12 | | 政策防災<br>県土整備企業 | | | | 分科会詳細審査・企業会計決算（企） |
| H19. 10. 15 | | 総務生活<br>教育警察 | | | | 分科会詳細審査 |
| H19. 10. 16 | | | ⑪ | | | 10/17　議事運営協議 |
| H19. 10. 17 | ⑤審査<br>調査 | | | | | 付託議案審査、採決<br>当初予算調製方針の調査（総括的質疑） |
| H19. 10. 18 | | | ⑫ | | | 委員長報告文案協議 |
| H19. 10. 19 | ⑥審査 | | | | | 一般・特別会計決算審査 |
| H19. 10. 29 | ⑦調査 | | | | | 各部局の当初予算編成に向けた考え方調査（総・生・教・警・県土・環森・農水） |
| H19. 10. 30 | ⑧調査 | | | | | 同上（防危・健福・政） |
| H19. 11. 2 | ⑨審査 | | | | | 一般・特別会計決算審査（総括質疑） |

| | | | | | | |
|---|---|---|---|---|---|---|
| H19. 11. 5 | | 政策防災<br>健康福祉病院<br>環境森林農水商工 | | | | 分科会詳細審査（一般・特別会計審査）<br>（分科会のみ単独開催） |
| H19. 11. 6 | | 総務生活<br>県土整備企業<br>教育警察 | | | | 分科会詳細審査（一般・特別会計審査）<br>（分科会のみ単独開催） |
| H19. 11. 7<br>～ 11. 8 | | | | ○ | | 県外調査 |
| H19. 11. 12 | | | ⑬ | | | 11/12　議事運営協議 |
| H19. 11. 12 | ⑩審査 | | | | | 付託議案審査、採決 |
| H19. 11. 12 | | | ⑭ | | | 委員長報告文案協議 |
| H19. 11. 21 | | | ⑮ | | | 第４回定例会委員会議事運営協議 |
| H19. 12. 10 | ⑪調査 | | | | | 平成20年度予算要求状況について |
| H19. 12. 12 | | 環境森林農水商工<br>教育警察 | | | | 分科会詳細審査<br>（決算以外の付託議案審査） |
| H19. 12. 13 | | 政策防災<br>教育警察 | | | 第４回 | 分科会詳細審査<br>（決算以外の付託議案審査） |
| H19. 12. 14 | | 総務生活<br>県土整備企業 | | | 定例会 | 分科会詳細審査<br>（決算以外の付託議案審査） |
| H19. 12. 17 | | | ⑯ | | | 12/18　議事運営協議 |
| H19. 12. 18 | ⑫審査 | | | | | 付託議案審査、採決 |
| H19. 12. 18 | | | ⑰ | | | 委員長報告文案協議・中間報告（案） |
| H20. 2. 12 | | | ⑱ | | | 第１回定例会委員会議事運営協議 |
| H20. 3. 7 | ⑬審査 | | | | | 付託議案（先議分）審査、採決 |
| H20. 3. 7 | | | ⑲ | | | 付託議案（先議分）委員長報告文案 |
| H20. 3. 10 | ⑭審査 | | | | | 当初予算（案）審査（総括質疑） |
| H20. 3. 11 | | 政策防災<br>健康福祉病院<br>環境森林農水商工 | | | | 分科会詳細審査 |
| H20. 3. 12 | | 総務生活<br>県土整備企業<br>教育警察 | | | | 分科会詳細審査 |
| H20. 3. 13 | | 政策防災<br>健康福祉病院<br>環境森林農水商工 | | | | 分科会詳細審査 |
| H20. 3. 14 | | 総務生活<br>県土整備企業<br>教育警察 | | | 第１回<br>定例会 | 分科会詳細審査 |
| H20. 3. 17 | | | ⑳ | | | 3/18　議事運営協議 |
| H20. 3. 18 | ⑮審査 | | | | | 付託議案審査、採決 |
| H20. 3. 18 | | | ㉑ | | | 委員長報告文案協議 |
| H19. 3. 31 | | | ㉒ | | | 運営要領改正協議 |
| H19. 3. 31 | | | ㉓ | | | 付託議案審査方法協議 |
| H19. 3. 31 | ⑯審査 | | | | | 付託議案審査、採決 |
| H19. 3. 31 | | | ㉔ | | | 委員長報告文案協議 |
| 合　計 | １６ | ３６ | ２４ | | | |

委員会の開催回数　１６回　うち会期中10回、閉会中6回
うち議案の審査11回、所管事項の調査5回、正副委員長互選1回
（1回の開催で審査と調査を行ったものがあるため合計と一致しない）
分科会の開催回数　３６回　うち分科会のみの単独開催6回、常任委員会との同日開催30回
理事会の開催回数　２４回

**資料　3**

**平成 20 年度　予算決算常任委員会活動状況**

| 年月日 | 委員会 | 分科会 | 理事会 | その他 | 議会の開閉会中の別 | 案　　件 |
|---|---|---|---|---|---|---|
| H20. 4.30 | | | ① | | 第1回<br>定例会 | 付託議案審査（県税条例改正） |
| | ①審査 | | | | | 付託議案審査（県税条例改正） |
| H20. 5.16 | ②互選 | | | | | 正副委員長互選 |
| H20. 6. 3 | ③互選 | | ② | | | 理事選任・年間活動計画 |
| H20. 6.10 | | | ③<br>拡大 | | | 委員会運営全般協議（各新委員長） |
| H20. 6.19 | | 生活文化環境森林<br>県土整備企業<br>教育警察 | | | | 分科会詳細審査 |
| H20. 6.20 | | 政策総務<br>防災農水商工<br>健康福祉病院 | | | | 分科会詳細審査 |
| H20. 6.23 | | 生活文化環境森林<br>県土整備企業<br>教育警察 | | | | 分科会詳細審査 |
| H20. 6.24 | | 政策総務<br>防災農水商工<br>健康福祉病院 | | | | 分科会詳細審査 |
| H20. 6.27 | ④審査 | | | | | 付託議案審査、採決 |
| | | | ④ | | | 委員長報告文案協議<br>2008 年版県政報告書調査の議事運営 |
| H20. 7.14 | ⑤調査 | | | | | 2008 年版県政報告書<br>三重県財政の現状の調査 |
| | | | ⑤ | | | 2008 年版県政報告への知事への申入書検討 |
| H20. 8. 1 | | | | ○ | | 2008 年版県政報告書、知事への申入れ<br>（正副委員長及び各常任委員長） |
| H20. 9. 9 | | | ⑥ | | | 第2回定例会議事運営協議<br>企業会計決算審査方法協議ほか |
| H20.10. 2 | ⑥審査 | | | | 第2回<br>定例会 | 企業会計決算審査 |
| | | | ⑦ | | | 一般・特別会計決算審査方法協議ほか |
| H20.10. 3 | | 防災農水商工<br>生活文化環境森林<br>健康福祉病院 | | | | 分科会詳細審査 |
| H20.10. 6 | | 政策総務<br>県土整備企業<br>教育警察 | | | | 分科会詳細審査・企業会計決算（企） |
| H20.10. 7 | | 防災農水商工<br>生活文化環境森林<br>健康福祉病院 | | | | 分科会詳細審査・企業会計決算（病） |
| H20.10. 8 | | 政策総務<br>県土整備企業<br>教育警察 | | | | 分科会詳細審査 |

| 年月日 | 委員会 | 分科会 | 理事会 | その他 | 議会の開閉会中の別 | 案　　件 |
|---|---|---|---|---|---|---|
| | | 教育警察 | | | 第2回<br>定例会 | |
| H20.10.10 | | | ⑧ | | | 10/14 議事運営協議ほか |
| H20.10.14 | ⑦審査<br>調査 | | | | | 付託議案審査、採決<br>当初予算調製方針の調査（総括的質疑） |
| | | | ⑨ | | | 委員長報告文案協議 |
| H20.10.20 | ⑧審査 | | | | | 一般・特別会計決算審査 |
| H20.10.27 | ⑨調査 | | | | | 各部局の当初予算編成に向けた考え方<br>（総･生･防･教･警･県土･環森･農水） |
| H20.10.28 | ⑩調査 | | | | | 同上（健福・政策） |
| H20.10.30 | | 政策総務 | | | | 分科会詳細審査 |
| | | | ⑩ | | | 議案審査方法ほか |
| | ⑪審査 | | | | | 一般・特別会計決算審査(総括質疑)<br>付託議案審査・採決 |
| | | | ⑪ | | | 委員長報告文案協議 |
| | ⑫審査 | | | | | 付託議案審査、採決 |
| H20.11. 4 | | 生活文化環境森林<br>県土整備企業<br>教育警察 | | | | 分科会詳細審査（一般・特別会計決算）<br>（分科会のみ単独開催） |
| H20.11. 5 | | 政策総務<br>防災農水商工<br>健康福祉病院 | | | | 分科会詳細審査（一般・特別会計決算）<br>（分科会のみ単独開催） |
| H20.11. 7 | | | ⑫ | | | 11/10 議事運営協議 |
| H20.11.10 | ⑬審査 | | | | | 付託議案審査、採決 |
| | | | ⑬ | | | 委員長報告文案協議 |
| | | 政策総務 | | | | 分科会詳細審査 |
| | ⑭審査 | | | | | 付託議案審査、採決 |
| | | | ⑭ | | | 委員長報告文案協議 |
| H20.11.18 | | | ⑮ | | | 12/9 総括質疑議事運営協議ほか |
| H20.12. 8 | ⑮調査 | | | | | 平成21年度予算要求状況について |
| H20.12.10 | | 防災農水商工<br>生活文化環境森林<br>健康福祉病院 | | | | 分科会詳細審査<br>（決算以外の付託議案審査） |
| H20.12.11 | | 政策総務<br>県土整備企業<br>教育警察 | | | | 分科会詳細審査<br>（決算以外の付託議案審査） |
| H20.12.12 | | 防災農水商工<br>生活文化環境森林<br>健康福祉病院 | | | | 分科会詳細審査<br>（決算以外の付託議案審査） |
| H20.12.15 | | 政策総務<br>県土整備企業<br>教育警察 | | | | 分科会詳細審査<br>（決算以外の付託議案審査） |
| H20.12.17 | | | ⑯ | | | 12/18 議事運営協議 |
| H20.12.18 | ⑯審査 | | | | | 付託議案審査、採決 |
| | | | ⑰ | | | 委員長報告文案協議・中間報告（案） |
| H21. 2. 3 | | | | ○ | | 県外調査 |

| 年月日 | 委員会 | 分科会 | 理事会 | その他 | 議会の開閉会中の別 | 案　　　　　件 |
|---|---|---|---|---|---|---|
| H21. 2. 9 | | | ⑱ | | | 第1回定例会委員会議事運営協議 |
| H21. 2. 20 | | 政策総務<br>県土整備企業<br>健康福祉病院 | | | 第1回定例会 | 分科会詳細審査（先議） |
| H21. 2. 24 | | 防災農水商工<br>生活文化環境森林<br>教育警察 | | | | 分科会詳細審査（先議） |
| H21. 2. 26 | | | ⑲ | | | |
| | ⑰審査 | | | | | 付託議案審査、採決（先議） |
| | | | ⑳ | | | |
| H21. 3. 6 | | | ㉑ | | | 3/6 議事運営協議 |
| | ⑱審査 | | | | | 付託議案審査、採決 |
| H21. 3. 9 | ⑲審査 | | | | | 当初予算（案）審査（総括質疑） |
| H21. 3. 10 | | 生活文化環境森林<br>県土整備企業<br>教育警察 | | | | 分科会詳細審査 |
| H21. 3. 11 | | 政策総務<br>防災農水商工<br>健康福祉病院 | | | | 分科会詳細審査 |
| H21. 3. 12 | | 生活文化環境森林<br>県土整備企業<br>教育警察 | | | | 分科会詳細審査 |
| H21. 3. 13 | | 政策総務<br>防災農水商工<br>健康福祉病院 | | | | 分科会詳細審査 |
| H21. 3. 17 | | | ㉒ | | | 3/18　議事運営協議 |
| H21. 3. 18 | ⑳審査 | | | | | 付託議案審査、採決 |
| | | | ㉓ | | | 委員長報告文案協議 |
| H21. 3. 30 | | | ㉔ | | | 付託議案審査方法協議 |
| | ㉑審査 | | | | | 付託議案審査、採決 |
| | | | ㉕ | | | 委員長報告文案協議 |
| 合　計 | 21 | 62 | 25 | | | |

委員会の開催回数　21回　うち会期中20回、閉会中1回
うち議案の審査15回、所管事項の調査5回、正副委員長・理事互選2回
（1回の開催で審査と調査を行ったものがあるため合計と一致しない）
分科会の開催回数　62回　うち分科会のみの単独開催11回、常任委員会との同日開催51回
理事会の開催回数　25回

**予算決算常任委員会の活動フロー（平成20年度）**

資料4

| | 第1回定例会（H20.5.16～6.3） | 第1回定例会（H20.6.10～6.30） | （閉会中） | 第2回定例会（H20.9.16～10.20） | 第2回定例会 | 第2回定例会（H20.11.25～12.19） | （閉会中） | 第1回定例会（H21.2.16～6.30） |
|---|---|---|---|---|---|---|---|---|
| 予算議案の審査<br>政策決定 | 互選委員会<br>正副委員長の互選（H20.5.16）<br>理事の選任<br>年間活動計画（H20.6.3） | 補正予算等<br>（総括質疑有無）（H20.6.18）<br>↓<br>分科会審査（H20.6.19～24）<br>↓<br>分科会報告<br>採決（H20.6.27） | | 補正予算等<br>（総括質疑有無）（H20.10.2）<br>↓<br>分科会審査（H20.10.2～8）<br>↓<br>分科会報告<br>採決（H20.10.20） | | 補正予算等<br>（総括質疑有無）（H20.12.9）<br>↓<br>分科会審査（H20.12.10～15）<br>↓<br>分科会報告<br>採決（H20.12.18） | | 当初予算及び補正予算等<br>総括質疑（TV中継）（H21.3.9）<br>↓<br>分科会審査（H21.3.10～13）<br>↓<br>分科会報告<br>採決（H21.3.18） |
| 所管事項調査<br>政策方向の表明 | | | 三重県財政の現状（H20.7.14）<br>（2008年版県政報告書）（H20.7.14）<br>↓<br>（知事への申し入れ）（H20.8.1） | 当初予算調製方針（総括的質疑）（H20.10.14） | 各部局の当初予算編成に向けての基本的な考え方（H20.10.27～28）<br>分科会調査（単独開催）（H20.11.4～5）<br>↓<br>分科会報告（H20.11.10） | 当初予算要求状況（H20.12.8） | | |
| 決算認定議案等の審査<br>監視・評価 | | | | 企業会計決算<br>（総括質疑有無）<br>補充説明（H20.10.2）<br>↓<br>分科会審査（H20.10.3～8）<br>↓<br>分科会報告<br>採決（H20.10.20） | 一般・会計会計決算<br>概要説明（H20.10.20）<br>↓<br>総括質疑（TV中継）（H20.10.30）<br>↓<br>分科会審査（単独開催）（H20.11.4～5）<br>↓<br>分科会報告<br>採決（H20.11.10） | | | |
| 執行部の動き | | 2008年版県政報告書（全員協議会 H20.6.10） | 申入書に対する回答（全員協議会 H20.9.16） | 予算調製方針（H20.10.14）<br>県政運営方針（案） | 平成21年度予算編成（各部局の提出 H20.11.20）　知事査定（H21.1.21～） | | | 県政運営方針の確定 |

**審査・調査における意見や提言と当初予算編成との関連（平成20年度）**

資料5

| | 平成20年6月 | 平成20年7月 | 平成20年8月 | 平成20年9月 | 平成20年10月 | 平成20年11月 | 平成20年12月 | 平成21年1月 | 平成21年2月 | 平成21年3月 |
|---|---|---|---|---|---|---|---|---|---|---|
| 「2008年版<br>県政報告書」関係 | ☆全員協議会<br>総括説明<br>(H20.6.10)<br><br>☆常任委員会<br>(H20.6.21～25) | *(●委員会調査)*<br>*(H20.7.14)* | *(☆知事へ申入)*<br>*(H20.8.1)* | *(☆委員長報告)*<br>*(本会議)*<br>*(H20.9.16)*<br><br>☆全員協議会<br>県政運営の<br>基本的な考え方<br>(H20.9.16) | | | | ● 予算決算常任委員会での審査・調査<br>○ 分科会での審査・調査<br>☆ その他 | | |
| 「県政運営方針(案)」<br>関係 | | | | | ●県政運営方針案<br>(H20.10.14)<br>(知事出席) | | | | | |
| 「当初予算編成」<br>関係 | | ●財政の状況<br>(H20.7.14) | | | ●予算調製方針(案)<br>(知事出席)<br>(H20.10.14)<br><br>●各部局の予算編成<br>に向けての考え方<br>(H20.10.27～28) | ○各部局の予算編成<br>に向けての考え方<br>(H20.11.4～5)<br><br>☆委員長報告<br>(本会議)<br>(H20.11.25) | ●要求概要<br>(H20.12.8)<br><br>○分科会<br>(H20.12.10～15)<br><br>☆委員長報告<br>(本会議)<br>(H20.12.19) | | | ●総括質疑<br>(H21.3.9)<br><br>○分科会<br>(H21.3.10～13)<br><br>☆委員長報告<br>(本会議)<br>(H21.3.18) |
| 「決算審査」関係 | | | | | [企業会計]<br>●補充説明<br>(H20.10.2)<br><br>○分科会<br>(H20.10.3～8)<br><br>●委員会採決<br>(H20.10.14)<br><br>☆委員長報告<br>(本会議)<br>(H20.10.19)<br><br>[一般・特別会計]<br>●概要説明<br>(H20.10.20) | [一般・特別会計]<br>●総括質疑<br>(H20.10.30)<br><br>○分科会<br>(H20.11.4～5)<br><br>●委員会採決<br>(H20.11.10)<br><br>☆委員長報告<br>(本会議)<br>(H20.11.25) | | | | |
| 執行部 | | 県政運営の基本的な考え方 (H20.9.16) | | 県政運営方針(案)<br>当初予算調製方針 (H20.10.14) | 予算編成 | 各部局の提出 (H20.11.20) | | 知事査定 (H21.1.21～) | | |

# 3　会期等の見直し

定例会の招集回数、会期等を見直し
会期日数を増やして議会の機能を強化

## 1　はじめに

地方分権時代に入り、民意の多様化、地方行政事務の拡大等に伴い、監視機能や政策立案機能など、議会の果たす役割が大きく期待されています。

これに伴い、実質的な議会の活動時間は年々長くなり、議員の活動領域も拡大しています。

しかしながら、現行制度上、議会は、閉会中の委員会での継続審査・調査の例外を除き、会期中のみしか活動能力を持たないとされ、議員の身分も非常勤職に近いといわれる特別職の地方公務員とされたままとなっています。

一方、従来から、地方議会の運営に当たっては、短期間で能率的、濃密な審査を行うことが理想とされ、限られた日数を有効に使って議会を運営していくことが求められてきました。

このため、ここ五〇年余り、定例会の招集回数はほとんどの地方議会で年四回が定着し、招集時期、会期日数、質疑・質問、委員会審査、休会等の日程も先例でほぼ固定されてきており、案件に応じた弾力的な対応が困難な状況にあります。

分権時代における地方議会の運営は、こうした従来からの固定化された会議の開催回数や会期日数にとらわれるのではなく、それぞれの地方公共団体の実情に応じた自主的な運用により、その機能を果たしていくことが必要となっています。

このような議会運営の改革は、単なる議事運営や議会と執行機関との関係にとどまらず、議員間討議等による議会の活性化や開かれた議会に向けた住民の参加機会の拡大にもつながっていくものと考えられます。

三重県議会では、このような考え方のもと、議会改革推進会議に「会期に関する検討プロジェクトチーム」を設置し、平成一九年五月から一二月にかけて一一回にわたり、定例会の招集回数、会期日数等の見直しについて調査、検討を重ねました。

その検討結果をもとに、平成一九年一二月に定例会の招集回数に関する条例を改正して、平成二〇年から定例会の招集回数を年四回から年二回に改めるとともに、会期日数を大幅に増やし、議事運営の弾力的、効率的な運用によって議会の機能強化を図ることとしました。

## 2　会期等の見直しの経緯

### 2－1　取組の背景

三重県議会では、平成七年以来、様々な議会改革に取り組み、地方分権一括法施行後の平成一四年三月には、「三重県議会の基本理念と基本方向を定める決議」を全会一致で議決し、「分権時代を先導する議会をめざして」を基本理念として、さらなる議会改革に積極的に取り組んできました。

また、平成一四年四月に設置した「二元代表制における議会の在り方検討会」（設置時の名称は「政策推進システム対応検討会」）においては、平成一七年三月にとりまとめた最終検討結果報告で、「現行の定例会の招集回数や会期日数について検討を加え、議事運営等の弾力的かつ効率的な運用を図る」旨の提言を行いました。

さらに、平成一八年一二月には、二元代表制の下での議会の基本理念、議員の責務及び活動原則等を定める三重県議会基本条例を制定し、監視・評価機能、政策立案機能の強化を図るための積極的な議員相互の討議や、県民の意向を議会活動に反映するための県民の参画機会の確保に努めることを規定しました。

### 2－2　議事運営上の問題点・課題

三重県議会の平成一八年の年間会期日数は一〇六日で、都道府県議会では神奈川県議会の一〇八日に次ぐ長さでしたが、議事運営上、次のような問題点や課題がありました。

①　現行の限られた会期日数の中では、充分な審議時間が確保されておらず、特に実質一日間の常任委員会の審議では、知事提出の議案を審査して議決するのが精一杯で、委員会で討議して議案を発議したり修正していくことが難しい。

②　参考人の招致や公聴会の開催など、県民や学識経験者等の意見を議会の審議に反映するための制度が十分活用されていない。

③　議員間討議により、議会から条例案等の政策立案、積極的な政策提言などを行っていこうとすると、現状の年四回の定例会の会期では時間が足りない。
④　議案に関する質疑の時間が十分に確保されていない。
⑤　毎年度必ず行わなければならない決算の審査、予算の調査等が、閉会中の付託委員会の継続審査・調査として行われている。
⑥　閉会中には、重要な議案であっても知事が専決処分しているものがあり、議会のチェック機能が働いていない。
⑦　閉会中にも、特別委員会、検討会等が多く開かれ、多数の議員が登庁している。
このような問題点や課題を解決していくためには、現行の定例会の招集回数や会期日数等について見直しを行い、議事運営方法を改善していく必要がありました。

## 3　見直しに係る調査・検討の経過

### 3－1　プロジェクトチームの設置

議会基本条例制定後の議会改革の取組として、議員改選後の平成一九年五月三一日の代表者会議において、定例会の招集回数、会期日数等について見直しを行うことを決定し、六月二九日に三重県議会議会改革推進会議（全議員で構成）内に委員一〇人で構成する「会期に関する検討プロジェクトチーム」を設置して調査、検討を行うこととなりました。

### ３－２　プロジェクトチームにおける調査・検討

プロジェクト会議では、定例会と臨時会、会期等に関する現行制度、全国の地方議会、国会の状況、会期等の見直しによるメリット、デメリット等について調査を行った後、会期等の見直しの必要性について委員間で討議を行いました。

その結果、議会の機能を強化するためには、会期等について見直し、会期日数を増やすことが必要であるというコンセンサスを得て、具体的な検討作業に入りました。

会期日数を増やす場合、定例会の招集回数と会期の設定については、様々な組み合わせが考えられます。

このため、プロジェクト会議での検討のたたき台となる「正副座長試案」として、見直しに当たっての基本的な考え方を示すとともに、定例会の招集回数及び会期について三回案と一回案の二案を提示し、併せて、会期等の見直しに伴う本会議・委員会の運営方法、開催経費等についての見直し案も提示しました。

この正副座長試案をもとに、会期等の見直し案について具体的な検討を重ねました。

図１　定例会の招集回数・会期の設定案

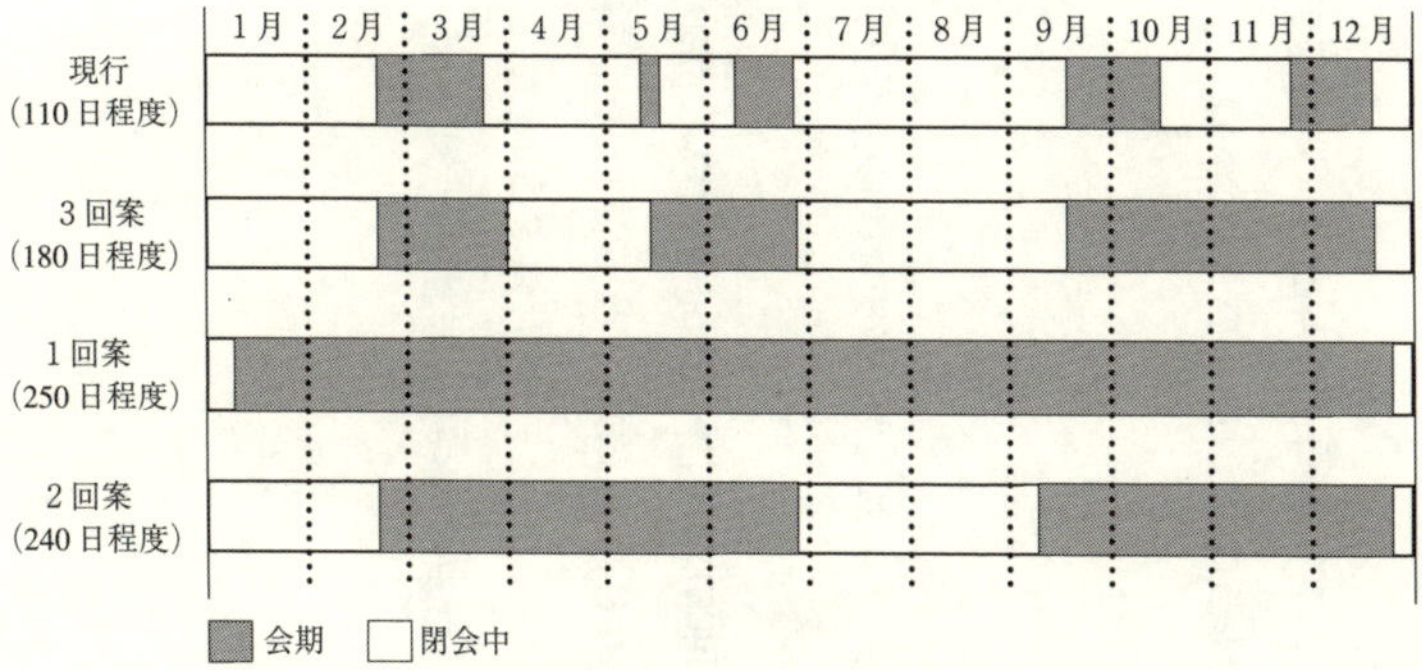

見直しに当たっては、正副座長試案で示された
① 議会の機能を強化するものとなること
② 県民サービスの向上につながること
③ 経費の大きな増加とならないこと
の三点を基本的な考え方として検討を進めることになりました。

また、定例会の招集回数及び会期については、年三回案と年一回案に意見が分かれたため、委員間で議論を重ね、協議を行った結果、最終的には両案のメリットを活かした年二回とする案に意見の集約を行いました。

なお、委員からは、会期が長くなり閉会期間が短くなると地域住民の意見を聴く機会など地域での議員活動の時間が少なくなるのではないかという意見もありましたが、委員会等の開催がない休会期間などを活用すれば議員活動を行うことができるということで理解を得ました。

このような検討経過を経て、一〇月一六日に開催した第七回プロジェクト会議で中間案をとりまとめ、同月一九日の議会改革推進会議総会で全議員に説明を行い、中間案を公表しました。

### 3-3　知事との意見交換

中間案を検討する過程で、招集権を持つ知事からは、会期日数が増えることに伴い、議会対応に当たる執行部職員の行政能率や議会関係経費にも影響を及ぼすことから、議会対応の簡素・効率化や経費の抑制等に配慮願いたい旨の意見が示されました。

このため、一一月二日、中間案及び知事から申入れがあった協議事項について、議会と知事との意見交換会を行い、プロジェクトチームから、執行部説明員の出席を求める範囲を必要最小限とすることや費用弁償の支給対象を

一部見直すことなどを検討している旨を説明し、知事の理解を求めました。

### 3－4　県民からの意見募集

最終案の検討と並行して、一一月一日から一二月七日にかけて、議会ホームページで中間案に対する県民からの意見募集（パブリックコメント）を行いました。

寄せられた意見には、このような取組について県民への広報を強化して欲しいという意見や、会期日数の増加によって執行部職員の議会対応が増え県民へのサービスが低下し、議会経費も増大するのではないかという意見がありました。

### 3－5　最終案のとりまとめ

プロジェクト会議では、中間案をもとに、本会議、委員会等の具体的な運営方法についてさらに詳細な検討を行うとともに、知事からの申入れや県民からの意見も踏まえながら、最終案のとりまとめ作業を行いました。

一二月一一日に開催した第一一回プロジェクト会議で、最終案として検討結果報告をとりまとめ、同月一八日の議会改革推

会期等の見直しについての概要

**見直しに当たっての基本的な考え方**

| | | |
|---|---|---|
| 議会の機能を強化するものとなること | 県民サービスの向上につながること | 経費の大きな増加とならないこと |

▼

**見直し項目の主な内容**

(1) **定例会の回数及び会期**

招集回数を年4回から年2回に改め、年間総会期日数を増やす。

(2) **本会議の運営方法等**

「議案に関する質疑」と「県政に対する質問」を分離する。

(3) **委員会の運営方法等**

常任意委員会開催日数を増やし、参考人招致や公聴会の開催など、議案・請願等の内容に応じた的確な審査・調査を行う。

(4) **本会議・委員会等の開催経費等**

登庁等に係る費用弁償の一部を支給対象としない。

進会議総会で全議員に説明を行い、翌一九日の代表者会議で最終的に了承した後、公表しました。

## 4　会期等の見直しによるメリット・デメリット

定例会の回数を減らし、会期日数を増やす場合、次のようなメリット、デメリットが考えられます。

○メリット

(1)　開会中の期間が長くなり、機動的、弾力的な議会運営が可能となる

①　招集手続を経ずに議長の権限で随時に本会議を開催することができ、災害等の突発的な事件や緊急の行政課題等が発生した場合、臨時会を招集しなくても速やかに対応することができる。

②　随時に委員会の所管事項調査ができ、時機を逸せずに詳細な調査が可能となり、委員会活動を充実させることができる。

③　知事の専決処分が少なくなり、議会で審議できる事件が多くなる。

(2)　審議期間を十分に確保することができる

①　一般質問だけでなく、上程議案に関する質疑の機会を設けることができる。

②　委員会の開催回数を多くするなど、議員間討議の機会を増やすことにより、議案の修正や議提議案の提出などの政策立案、政策提言等を行うことができる。

③　委員会において、利害関係人や学識経験者等から意見を聴取する参考人制度の活用や、手続に時間を要す

る公聴会制度を活用して県民等の意見を聴くことが容易になる。

(3)　議案等の提出、受理等を行える期間が長くなる

①　次の議会の招集を待たずに議案を提出することができるようになり、請負契約締結議案などの早期議決、早期執行が可能になる。

②　意見書案、決議案等の時宜に合った提出や議決が可能になる。

○デメリット

(1)　本会議、委員会等の開催回数が多くなる

①　本会議、委員会等の開催回数が多くなり、開催経費が増加する。

②　議事予定にない急遽の開催の場合、定足数に達せず流会となるおそれがある。

③　議会対応に当たる執行部の行政能率に影響を及ぼすおそれがある。

(2)　会期日数が多くなり、閉会中の期間が短くなる

①　地域での議員活動等の時間が少なくなる。

②　執行部の行事予定が立てにくくなるおそれがある。

(3)　定例会の回数が少なくなる

①　一事不再議の原則（会議規則第一六条）により、会期中に議決した事件と同一の事件を提出できない期間が長くなる。

②　定例会の節目が少なくなり、めり張りや緊張感がなくなるおそれがある。

## 5　会期等の見直しの概要

### 5－1　会期等の見直しに伴う諸規定の整備

平成一九年一二月一九日の代表者会議での会期等の見直しに関する検討結果報告の了承を受け、翌二〇日、会期に関する検討プロジェクトチーム委員九人の議員発議により、平成二〇年一月から定例会の招集回数を年四回から年二回に改める「三重県議会定例会の招集回数に関する条例の一部を改正する条例案」を提出し、同日、全会一致をもって可決しました。

また、平成二〇年二月一九日には、「質疑・質問等に係る議会運営委員会の申合せ事項」、「議案・意見書等の取扱いについての議会運営委員会の申合せ事項」、「請願（陳情）の提出要領」等の諸規定について、所要の改正を行いました。

### 5－2　会期等の見直しの概要

会期等の見直しの概要は、次のとおりです。

**第1　定例会の招集回数及び会期**

平成二〇年から、定例会の招集回数を年四回から年二回に改め、定例会の会期を概ね次のとおりとする。

第一回定例会　二月中旬から六月下旬まで　（会期日数一三〇日程度）
第二回定例会　九月上旬から一二月中旬まで（会期日数一一〇日程度）
（年間総会期日数二四〇日程度）

## 第2　本会議の運営方法等

### 1　招集日等の日程調整

定例会の招集日については、招集権が知事にあるため、事前に十分協議、調整を行う。また、招集後の議案の提案説明、質疑・質問に対する答弁等、執行部の説明を求める本会議の開催日については、議会、執行部双方の行事予定を考慮して日程調整を行う。

### 2　質疑と質問の分離

質疑質問日に合わせて議案の提出時期を考慮しなくとも議案を随時に提出できるよう、従来、毎定例会で行っている「議案に関する質疑並びに県政に対する質問」を「議案に関する質疑」と「県政に対する質問」に分離する。

### 3　議案に関する質疑の方法

「議案に関する質疑」は、議案の上程、提出者の説明、議案聴取会での説明の後、次のように行う。

(1)　定例会開会日等（年二回の定例会開会日並びに六月及び一一月に行う「県政に対する質問」初日の直前に開催される本会議の日をいう。以下同じ。）に合わせて提出される議案（以下「開会日等提出議案」という。）については、一般質問（関連質問を含む）終了後に質疑を行い、その後に委員会付託を行う。

(2)　開会日等提出議案に関する質疑は、一般質問を行わない議員のみに認める。

(3)　一般質問終了後に追加して提出される議案や休会中に提出される議案など、定例会開会日等以外の時期に提出される議案（以下「随時提出議案」という。）については、提案説明後又は議案聴取会終了後に質疑を行い、その後に委員会付託を行う。

(4)　事前に議会運営委員会で質疑者の調整等を諮ることができるよう、質疑に係る発言通告書は、質疑日の前々日までに提出する。

(5)　質疑方法は、発言通告時に一括、分割又は一問一答のいずれかの方式を選択する。

(6)　質疑は、議員発言用演壇で、答弁は、自席でそれぞれ行う。

(7)　質疑時間、順序については、その都度、議会運営委員会で協議し、決定する。

**4　県政に対する質問の方法**

「県政に対する質問」の時期、回数、質問時間等の実施方法は、概ね従来どおりとする。なお、「県政に対する質問」のテレビ実況中継の枠取りが必要となることから、従前どおり事前に年間議事予定案を作成する。

代表質問　年二回（二月、九月、議員改選時は直後も実施）

五人以上の会派の代表者

質問時間（答弁、再質問含む）一人七〇分程度

一般質問　年四回（二月、六月、九月、一一月）

一日当たりの質問者数は概ね四人（正副議長を除く各議員が年間一回質問できることを基準に各会派に配分）

質問時間（答弁、再質問含む）一人六〇分程度

**5　議案、請願等審査の方法**

議案、請願等の取扱い、審査方法等について見直しを行い、急施を要する議案、請願等や議論の少ない議案等については先議を行うなど、より柔軟な運営を行う。

また、請願・陳情の提出期限については、提出機会を確保するため、年二回の開会日だけとせず、定例会開会日等として、現行と同様の年四回を維持する。

**6　出席を求める説明員の範囲**

本会議において出席を求める執行部説明員の範囲については、議会の審議に必要な説明のために出席を求めているということを明確にし、審議内容に応じて説明員の出席を求めない、あるいは縮小するなど、次のような見直しを行う。

(1)　議会の構成等に関する審議を行う本会議には、説明員の出席を求めない。

また、議会の構成等に関する事項と議案等の審議を併せて行う本会議には、議会の構成に関する事項の審議時は議員だけで審議を行い、議案等の審議時にのみ説明員の出席を求めて審議を行う。

(2)　随時提出議案の審議を行う本会議には、質疑に係る発言通告により指定された場合を除き、説明員を知事、副知事、出納長並びに総務部及び所管部局関係職員のみに限るものとする。

(3)　各部局副部長及び総括室長については、説明員として出席を求めないこととするが、答弁を行う部局長等を補佐する必要があると認められる場合に限り出席を求めるものとする。

**7　議会への提出資料について**

執行部から提出される議会提出資料については、記載内容の改善・簡素化等の観点から見直しを行う。なお、見直しに当たっては、情報量が減少したり、提出時期が遅くなることのないよう執行部に申し入れる。

**8　休会日における執行部の対応について**

会期が長くなることに伴う執行部幹部職員の議会対応については、委員会等開催日を除く休会日にあっては、知事からの申入れどおり、従来の閉会中と同様の取扱いとする。

9　**会議録の調製について**

会期が長くなることにより、会議録の調製、配付の時期が遅くなることから、二月及び九月に行われる一般質問等の記録については、閉会後に会議録を調製、配付するまでの間、議会ホームページに速報版として掲載し、閉会後、調製した会議録に基づき、改めて会期中の全ての記録をホームページに掲載する。

## 第3　委員会の運営方法等

1　**計画的な運営**

常任委員会及び特別委員会の運営については、毎年五月の委員改選後に、向う一年間の年間活動計画の作成等を行うなど、計画的な運営を行う。

委員会の年間活動計画については、委員改選後、所管事項概要の調査を行った後に、年間の調査事項や時期、県内・県外調査の内容について、委員間で協議して作成する。

2　**所管事項概要説明**

従前、役員改選を行う臨時会（五月）と第二回定例会の間の閉会期間中に各部局から行っていた「正副委員長勉強会」に替え、委員会を開催し、委員全員に所管事項全般についての概要説明を行う。

(1)　行政部門別常任委員会については、所管事項概要説明は一委員会当たり二日間（一日一部局）とする。

(2)　所管事項概要説明の後、当該委員会の年間の調査事項や時期、県内・県外調査の内容等、年間活動計画について委員間で協議する。

3　**常任委員会開催日数の増加**

会期中の常任委員会（年四回の「一般質問」に合わせて定例的に開催する常任委員会をいう。以下同じ。）の議案審査及び所管事項調査の開催日数は、余裕を持った日程とするため、一委員会当たり現行の一日間を二日間として部局別に分けて行い、三委員会を同日開催とし、予備日を二日間設ける。

一日目　A・B・C常任委員会①
二日目　D・E・F常任委員会①
三日目　A・B・C常任委員会②
四日目　D・E・F常任委員会②
五日目　委員会予備日①
六日目　委員会予備日②

## 4　常任委員会等の審査・調査の方法

会期中の常任委員会の冒頭において、議案、請願の審査方法等を委員間で協議する機会を設け、特に県民の利害にかかわる重要な議案や請願の審査に当たっては、委員会での参考人の招致や公聴会の開催など、内容に応じた的確な審査・調査が行えるよう、柔軟な運営を行う。

(1)　委員間討議を行いやすくし、論点を分かりやすくするために、議案、請願の審査、所管事項の調査はそれぞれの項目ごとに質疑、質問を行う。

①　議案の審査

議案聴取会での提案理由等の説明に加え、重要な議案については、議案を付託された委員会においても、必要に応じ再度細部にわたる説明を求める。

また、本会議での委員長報告では、必要に応じて議案についての賛否の状況やその理由についても言及することとし、委員会で議案の賛否についての理由を議論するなど、委員会において工夫する。

②　請願の審査

請願の採択、不採択等の採決に当たっても、議案と同様の取扱いとし、必要に応じて参考人を招致する。

③　所管事項の調査

所管事項の質疑応答が終了し、執行部が退席した後に、委員間討議の時間設定を行う。

(2)　公聴会については、開催手続に時間を要することから、開催の必要性について委員間で十分協議、検討したうえで実施する。

**5　出席を求める説明員の範囲**

委員会において出席を求める執行部説明員の範囲について、審査・調査内容に応じ、必要最小限とするよう執行部に申し入れる。

**6　委員会の県内・県外調査**

閉会期間が短くなることから、従来、閉会中において実施していた県内・県外調査については、会期中においても実施する。

また、行政部門別常任委員会の県内調査については、原則として日帰り調査を二回程度実施することに改める。

**第4　本会議、委員会等の開催経費等**

議員の本会議、委員会等、諸会議への出席や会期中の議案精読等のための登庁等に係る費用弁償について、従来、支給対象となっていた委員会協議会、予算決算常任委員会理事会及び会期中の議案精読等に係る登庁については、支給対象としない。

**第5　議会と知事との協議**

知事から申入れのあった、協議の場の設置については、常設的なものとするのではなく、議会と知事とが協議すべき具体的な案件が生じた場合は、原則として公開により、速やかに協議するものとする。

その際の議会側の出席者については、その都度、議長が決定するものとする。

## 第6　事務局態勢の充実等

議会の諸活動の増加に伴い、活動の支援に当たる事務局態勢の充実に向け、職員配置等の見直しを行う。

### 5-3　会期等の見直しに関する県民への広報

会期等の見直しについて県民の理解を得るために、議会ホームページや平成一九年一一月二〇日及び平成二〇年一月二〇日に発行した「みえ県議会だより」、同年一月四日に発行した「みえ県議会新聞」に見直しの概要を掲載するなどの広報に努めました。

## 6　会期等の見直しによる取組状況

### 6-1　平成二〇年の取組状況

平成二〇年の定例会の会期は、第一回が二月一九日から六月三〇日までの一三三日間、第二回が九月一六日から一二月一九日までの九五日間で、八月一二日に会期を一日とする第一回臨時会を開催したため、年間総会期日数は二二九日となりました。

図2　定例会・臨時会の会期設定状況（平成19年・20年）

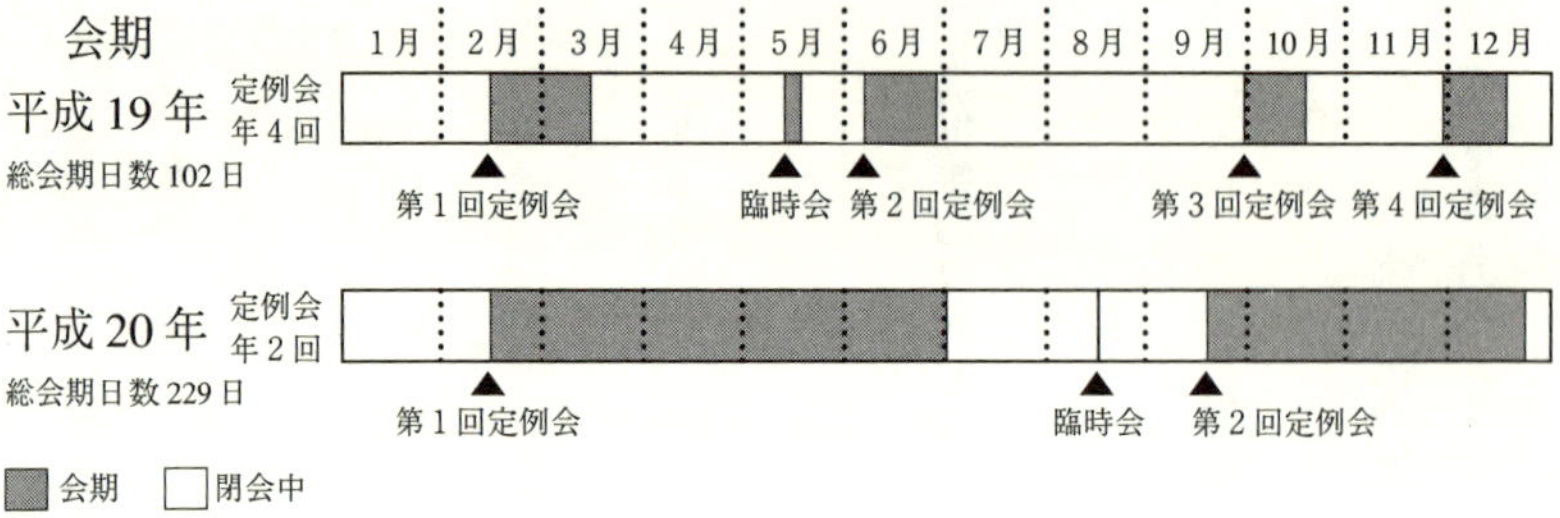


表1　本会議・委員会の開催状況等（平成19年・20年）

| | | 平成19年 | | | | | | | |
|---|---|---|---|---|---|---|---|---|---|
| | | 第1回定例会 | 第1回臨時会 | 第2回定例会 | 第3回定例会 | 第4回定例会 | 会期中小　計 | 閉会中 | 計 |
| 日数 | | 29 | 4 | 23 | 23 | 23 | 102 | 263 | 365 |
| 本会議開催日数 | | 7 | 2 | 5 | 5 | 5 | 24 | − | 24 |
| 委員会開催日数 | | 15 | 14 | 13 | 18 | 19 | 79 | 23 | 102 |
| 内訳 | 行政部門別常任委員会 | 6 | 7 | 6 | 8 | 9 | 36 | 7 | 43 |
| | 予算決算常任（特別）委員会 | 2 | 1 | 1 | 2 | 2 | 8 | 6 | 14 |
| | 議会運営委員会 | 5 | 2 | 3 | 3 | 4 | 17 | 5 | 22 |
| | 特別委員会 | 2 | 4 | 3 | 5 | 4 | 18 | 5 | 23 |
| 委員会参考人数 | | 0 | 0 | 0 | 10 | 7 | 17 | 5 | 22 |
| 公聴会公述人数 | | 0 | 0 | 0 | 0 | 0 | 0 | 0 | 0 |
| 専決処分（法第179条）件数 | | 0 | 0 | 0 | 0 | 0 | 0 | 3 | 3 |

| | | 平成20年 | | | | | |
|---|---|---|---|---|---|---|---|
| | | 第1回定例会 | 第1回臨時会 | 第2回定例会 | 会期中小　計 | 閉会中 | 計 |
| 日数 | | 133 | 1 | 95 | 229 | 137 | 366 |
| 本会議開催日数 | | 15 | 1 | 13 | 29 | − | 29 |
| 委員会開催日数 | | 105 | 0 | 83 | 188 | 17 | 205 |
| 内訳 | 行政部門別常任委員会 | 55 | 0 | 43 | 98 | 9 | 107 |
| | 予算決算常任（特別）委員会 | 8 | 0 | 11 | 19 | 1 | 20 |
| | 議会運営委員会 | 22 | 0 | 14 | 36 | 3 | 39 |
| | 特別委員会 | 20 | 0 | 15 | 35 | 4 | 39 |
| 委員会参考人数 | | 13 | 0 | 15 | 28 | 13 | 41 |
| 公聴会公述人数 | | 0 | 0 | 2 | 2 | 0 | 2 |
| 専決処分（法第179条）件数 | | 0 | 0 | 0 | 0 | 0 | 0 |

### 6－2　会期等の見直しによる成果

本会議については、年間の開催日数が平成一九年の二四日に比べて、平成二〇年の二九日と五日間増加しました。これは、議案に関する質疑を新設したこと、会期中に随時提出議案を審議したこと等により増加したものです。このうち、例年は閉会中であったため知事が専決処分していた年度末の県税条例の一部改正について、平成二〇年は三月末が会期中となったため、三月三一日及び四月三〇日に本会議を開催して審議を行いました。

また、会期日数を増やしたことにより、地方自治法第一七九条の規定に基づく知事の専決処分は、平成一九年中は三件であったものが、平成二〇年中は皆無となりました。

常任委員会については、定例会中の開催回数を前年同時期の二倍に増やしたことにより、委員会での審査・調査に時間的な余裕ができたため、委員間での討議を行うとともに、請願者や学識経験者を参考人として積極的に招致し、県民の意見を審査に反映させることができました。

常任委員会及び特別委員会に招致した参考人数は、開閉会期間を通して平成一九年は延べ二二人でしたが、平成二〇年は延べ四一人とほぼ倍増しました。

さらに、第二回定例会中の常任委員会では、五二年ぶりに公聴会を開催して公述人二人から意見を聴き、審査に反映させることができました。

このような様々な取組を行ったことにより、全体として充実した審議を行うことができたのではないかと考えています。

## 7　今後の課題等

会期等の見直しに関しては、今後、次のような課題に取り組んでいく必要があると考えています。

①　定例会年二回制の中で、議員間討議や県民参画の機会拡大などの取組を実践し、改善を積み重ねることにより、具体的な成果を挙げていく必要がある。

②　会期等の見直しの取組について、様々な手段により県民への広報を積極的に行い、県民の理解と議会に対する信頼を得ていくとともに、さらに県民の参加機会の拡大にも努めていく必要がある。

③　年間議事予定以外に随時に開催する諸会議等の日程確保が難しいため、日程の設定及び調整方法について検討していく必要がある。

④　議会の諸活動の増加に伴い、支援に当たる議会事務局の負担が大きくなっており、事務局態勢を充実する必要がある。

三重県議会では、今後、会期等の見直しに係る検証を踏まえながら、次期改選（平成二三年四月）後における定例会の招集回数及び会期について、通年開催を含めてさらに検討を進めていくこととしています。

資料

## 会期に関する検討プロジェクトチームの調査・検討の経過

平成一九年　五月三一日　代表者会議
・定例会の招集回数と会期日数の見直しについて議会改革推進会議において検討することを決定
六月二九日　議会改革推進会議総会
・会期に関する検討プロジェクトチームを設置
六月二九日　第一回会期に関する検討プロジェクト会議
・正副座長の選任について
・今後の進め方について
八月　二日　第二回会期に関する検討プロジェクト会議
・会期等に関する現行制度について
・三重県議会における現状と課題について
・他の地方議会の事例について
・会期等見直しの必要性について
・今後の検討の進め方について
九月　五日　第三回会期に関する検討プロジェクト会議
・国会の会期等について
・公聴会制度について

・会期等見直しに係る正副座長試案について
九月一一日　第四回会期に関する検討プロジェクト会議
・会期等の見直しにより必要となる経費の試算について
・会期等の見直しに係る執行部の意見について
・会期等の見直し検討案について
一〇月　二日　第五回会期に関する検討プロジェクト会議
・休会制度について
・会期等の見直しに係る各会派の意見集約結果について
一〇月　五日　第六回会期に関する検討プロジェクト会議
・会期等の見直しに係る各会派の意見集約結果について
・中間案のとりまとめについて
一〇月一六日　第七回会期に関する検討プロジェクト会議
・中間案のとりまとめについて
・今後の検討課題について
一〇月一九日　議会改革推進会議総会
・会期に関する検討プロジェクトチームから中間案を説明
一一月　二日　会期に関する検討プロジェクトチームと知事との意見交換会
・中間案及び知事からの協議事項について
一一月　六日　第八回会期に関する検討プロジェクト会議
・費用弁償について
・本会議の運営方法等について
一一月二八日　第九回会期に関する検討プロジェクト会議
・本会議の運営方法について

・委員会の運営方法について

一二月　五日　第一〇回会期に関する検討プロジェクト会議
・本会議の運営方法について
・条例案について

一二月一一日　第一一回会期に関する検討プロジェクト会議
・県民からの意見について
・最終案のとりまとめについて

一二月一八日　議会改革推進会議総会
・会期に関する検討プロジェクトチームから最終案を説明

一二月一九日　代表者会議
・会期に関する検討プロジェクトチームから最終案を説明

## 会期に関する検討プロジェクトチームの設置について

（平成一九年六月二九日　三重県議会議会改革推進会議決定）

先の代表者会議において、本県議会の会期に関する検討を議会改革推進会議において行うことが決定されたので、次のとおり処置する。

1　名称　「会期に関する検討」プロジェクトチーム

2　目的　会期に関する諸問題について調査、検討を行い、結果を取りまとめる。

3　構成　・議会改革推進会議会長と九名（新政みえ　四、自民・無　三、他会派　二）の委員で構成する。

・委員から正副座長を選出する。

4　その他　検討方法、スケジュール、正副座長選出等の詳細は、発足後にプロジェクトチームにおいて定める。

## 会期に関する検討プロジェクトチーム名簿

議会改革推進会議会長・議長　岩名秀樹（未来塾）
座　長　萩野虔一（新政みえ）
副座長　山本　勝（自民・無所属議員団）
委　員　中川康洋（公明党）
委　員　稲垣昭義（新政みえ）
委　員　前田剛志（新政みえ）
委　員　前野和美（自民・無所属議員団）
委　員　森本繁史（自民党青雲会県議団）
委　員　三谷哲央（新政みえ）
委　員　永田正巳（自民・無所属議員団）

# 第Ⅲ編　資料

## 1　三重県における議会改革の経緯

**三重県における議会改革（平成7年～）**（平成21年4月末日現在）

| 年　月 | 項　目 | 決定又は実施機関 |
|---|---|---|
| H7.10 | 「議会に係る諸問題検討委員会」の設置 | |
| H8.8 | 優待パスの全廃、海外視察復命書の作成等 | 全員協議会 |
| H8.9 | 「議会改革検討委員会」の設置 | |
| H9.2 | 一般質問のテレビ中継、委員会の会議録作成等 | 議会改革検討委員会 |
| H9.10 | 行政改革調査特別委員会の設置 | |
| H10.5 | 委員会にテレビモニター設置、予算決算特別委員会設置、議長交際費の情報提供等 | 議会改革検討委員会 |
| H12.3 | 議員定数の削減（55人→51人） | |
| H12.4 | 政務調査課の設置、政策法務担当の設置 | 事務局 |
| H13.1 | 分権時代の「三重」を考える県・市町村議会議員の集い | |
| H13.4 | 政策法務監の設置 | 事務局 |
| H14.2 | 「分権時代を先導する議会」を実現するための集い | |
| H14.3 | 「三重県議会の基本理念と基本方向を定める決議」 | 本会議 |
| H15.2 | 対面演壇方式の導入 | |
| H15.2 | 傍聴での写真、ビデオ、録音等の解禁 | |
| H15.10 | 三重県議会議会改革推進会議の設置 | 議会改革推進会議 |
| H15.12 | 執行部との協働による「東紀州地域経営創造会議」の設置 | |
| H16.2 | 「二元的代表制と今後の議会のあり方」講演会 | |
| H16.3 | 議員の充て職の原則辞退 | 行政改革調査特別委員会 |
| H16.4 | 応招旅費廃止、普通旅費に一元化 | 代表者会議 |
| H16.4 | 予算決算特別委員会の抜本的改革 | 議会運営委員会 |
| H16.9 | 代表質問・一般質問のインターネット録画配信 | |
| H16.10 | 構造改革特区提案 | 議会改革推進会議 |
| H16.11 | 東紀州地域経営創造会議から知事へ提言 | |
| H17.1 | 全国自治体議会　議会改革推進シンポジウムの開催（四日市市） | 議会改革推進会議 |
| H17.2 | 議長の諮問機関「三重県議会公営企業事業の民営化検討委員会」の設置 | |
| H17.3 | 「二元代表制における議会の在り方について」最終報告 | 二元代表制における議会の在り方検討会 |

| | | |
|---|---|---|
| H 17. 4 | 第28次地方制度調査会第19回専門小委員会での意見交換 | 議長 |
| H 17. 4 | 特別委員会の地元地域開催と知事への提言（4月以降） | 地域医療・次世代育成、観光・文化調査 |
| H 17. 5 | 議会基本条例研究会の設置 | |
| H 17. 6<br>H 17. 9 | 「二元代表制と議会基本条例」講演会<br>本会議、常任・特別委員会のインターネット生中継配信開始 | 議会改革推進会議 |
| H 17. 9 | 議長の諮問機関「環境保全事業団経営健全化検討会」設置 | |
| H 17.12 | 同検討会から議長へ答申 | |
| H 17.12 | 「県民ミーティング」の開催（第１回） | 議会改革推進会議 |
| H 18. 2 | 「県民ミーティング」の開催（第２回） | 議会改革推進会議 |
| H 18. 3 | 「県民ミーティング」の開催（第３回） | 議会改革推進会議 |
| H 18. 3 | 「公営企業事業民営化検討委員会」の報告を受けて正副議長から知事へ提言 | 公営企業事業民営化検討会・代表者会議 |
| H 18. 4 | 「議会改革勉強会」の開催（東京） | 議会改革推進会議 |
| H 18. 4 | 「議会基本条例講演会」の開催 | 議会基本条例研究会 |
| H 18. 4 | 「県民ミーティング」の「人口減社会をどう切り拓くか」という報告を受けて正副議長から知事へ提言 | 議会改革推進会議・代表者会議 |
| H 18. 5 | 議会基本条例検討会の設置 | |
| H 18. 6 | 「全国都道府県議会改革の推進について」全国議長会へ要望 | 群馬・和歌山・三重県議長連名 |
| H 18. 9 | 議会基本条例（素案）の公表 | |
| H 18.11 | 「地方議会フォーラム２００６」の開催（津市） | 議会改革推進会議 |
| H 18.11 | 第１回マニフェスト大賞　ベストホームページ賞受賞 | ローカルマニフェスト推進地方議員連盟 |
| H 18.12 | 三重県議会基本条例案可決 | |
| H 18.12 | 三重県議会議員の政治倫理に関する条例案可決 | |
| H 19.1 | 「住民自治セミナー～地方財政を考えよう～」の開催 | |
| H 19.2 | 議長に対して事務局ワーキンググループから、「道州制と道州制議会に関する報告書」を提出 | 事務局道州制検討ワーキンググループ |
| H 19.3 | 三重県政務調査費の交付に関する条例一部改正案（１件１万円以上は領収書添付）可決 | |

| | | |
|---|---|---|
| H 19.4 | 議会図書室でバーコードによる図書管理を開始 | |
| H 19.4 | 「公営企業事業民営化検討会」の報告を受けて設けられた「協議の場」の報告を受けて議長声明を公表 | 公営企業事業民営化検討委員会協議の場・代表者会議 |
| H 19.5 | 議員の海外視察調査制度の廃止 | 5/31代表者会議決定 |
| H 19.6 | 第1回議長定例記者会見の開催（毎月1回） | |
| H 19.6 | 道州制・地方財政制度調査検討会の設置 | 議会基本条例第14条 |
| H 19.6 | 政策討論会義の設置（新博物館構想） | 議会基本条例第14条 |
| H 19.6 | 議会改革推進会議「会期に関する検討プロジェクトチーム」の設置 | |
| H 19.7 | 中華人民共和国駐日本国特命全権大使王毅閣下三重県地方議会交流記念講演会 | |
| H 19. 9 | みえ県議会出前講座の開始 | |
| H 19.10 | 「政策討論会議」でまとめられた「新県立博物館整備にかかる基本的考え方」を受けて正副議長から知事へ提言 | |
| H 19.11 | 第2回マニフェスト大賞　特別賞受賞 | ローカルマニフェスト推進地方議員連盟 |
| H 19.12 | 定例会の招集回数に関する条例の一部改正案（年2回招集）可決 | |
| H 19.12 | 政策討論会義の設置（福祉医療費助成制度の見直し） | |
| H 19.12 | 食の安全・安心の確保に関する条例検討会の設置 | 議会基本条例第14条 |
| H 19.12 | 水力発電事業の民間譲渡に伴う宮川流域諸課題解決のためのプロジェクト会議の設置 | 議会基本条例第14条 |
| H 20. 3 | 「道州制・地方財政制度調査検討会」正副座長から知事へ要望 | |
| H20. 3 | 三重県政務調査費の交付に関する条例一部改正案（同年4月から全ての支出に領収書等を添付）可決 | |
| H 20. 4 | 第4回全国自治体議会改革推進シンポジウムの開催（桑名市） | 三重県議会・三重県議会議会改革推進会議主催 |
| H 20. 5 | 三重県地域づくり推進条例案（議提議案）可決 | |
| H 20. 5 | 議事堂内分煙についてのワーキンググループの設置 | |
| H 20. 6 | 議案等に対する議員の賛否状況を県議会ホームページで公表開始 | |
| H 20. 6 | 三重県食の安全・安心の確保に関する条例案（議提議案）可決 | 議会基本条例第14条 |
| H 20. 6 | 議案提出条例に係る検証検討会の設置 | |
| H 20. 6 | 議会改革推進会議「議長等任期に関する検討プロジェクトチーム」の設置 | |

| | | |
|---|---|---|
| H 20. 6 | 政務調査費に関するワーキンググループの設置 | |
| H 20. 6 | 三重県自治体議会交流連携会議の実施決定 | 代表者会議 |
| H 20. 6 | 議会改革推進会議「議長等任期に関する検討プロジェクトチーム」の設置 | |
| H 20. 6 | 政務調査費に関するワーキンググループの設置 | |
| H 20. 9 | 財政問題調査会を設置 | 議会基本条例第13条 |
| H 20.10 | 財政問題調査会　第一次答申 | |
| H 20.10 | 財政問題に関する政策討論会議を設置 | |
| H 20.10 | 公聴会の開催（「美し国おこし・三重」三重県基本計画の策定について） | |
| H 20.10 | 平成20年度一般会計補正予算修正可決 | |
| H 20.10 | 宮川ﾌﾟﾛｼﾞｪｸﾄ会議報告書を作成し、知事に提言 | |
| H 20.12 | 財政問題調査会　第二次答申 | |
| H 20.12 | 県選出四日市港管理組合議員の在任期間の検討 | |
| H 21. 3 | 三重県リサイクル製品利用推進条例の一部を改正する条例案可決 | |
| H 21. 3 | 三重県議会議会改革諮問会議設置条例案可決 | 議会基本条例第12条 |
| H 21. 3 | 政務調査費を1割減額する条例案可決（平成21年4月～23年4月） | |
| H 21. 4 | 第5回全国自治体議会改革推進シンポジウムの開催（津市） | 三重県議会･三重県議会議会改革推進会議主催 |
| H 21. 4 | 「県立病院改革に関する考え方（基本方針）（案）」に関する公聴会の開催 | |

## 2　三重県議会議会改革推進会議規約

（趣旨）

**第1条**　この規約は、三重県議会基本条例（平成18年三重県条例第83号）第22条の規定に基づく議会改革推進会議に関し、必要な事項を定める。

（目的）

**第2条**　本会議は、地方分権の時代にふさわしい三重県議会及び都道府県議会の在り方について調査研究を進めるとともに、改革を目指す他の都道府県議会との相互交流を図ることを目的とする。

（事業）

**第3条**　本会議は、前条の目的を達成するため、次の事業を行う。

(1) 三重県議会の改革に関する調査研究
(2) 都道府県議会制度に関する調査研究
(3) 道州制、都道府県合併その他の今後の都道府県の在り方等に関する調査研究
(4) 前3号に係る環境の整備その他の事業
(5) 他の都道府県議会との交流の促進
(6) その他本会議の目的達成に必要な事業

（役員）

**第4条**　本会議に次の役員を置く。

(1) 会長　1名

(2) 副会長　2名
(3) 幹事長　1名
(4) 幹事　若干名
(5) 監事　2名

2　役員は、会員の互選とする。

3　役員の任期は2年とする。ただし、再任を妨げない。

4　補欠により就任した役員の任期は前任者の残任期間とする。

**（会長及び副会長）**

**第5条**　会長は、本会議を代表し、総会及び役員会の議長となる。

2　副会長は、会長を補佐し、会長に事故あるときは、その職務を代理する。

**（幹事長及び幹事）**

**第6条**　幹事長及び幹事は、幹事会を構成して、会長の命を受け本会議の運営を担当する。

2　幹事長は、幹事会を代表し、会務を統括する。

**（監事）**

**第7条**　監事は、会長の命を受け本会議の特命事項を担当する。

**（会議）**

**第8条**　総会及び役員会は、必要に応じ会長が招集する。

2　総会は、次の事項を決定する。

(1) 規約に関すること。
(2) 役員の選出に関すること。
(3) その他会長が特に必要と認める事項

3　総会の議事は、出席会員の過半数をもって決する。ただし、可否同数の場合は、会長がこれを決する。

4　第2項に定めるものの外、本会議の運営に関し必要な事項は、役員会において決定する。

（委任）

**第9条**　この規約に定めのない事項は、役員会の審議を経て別に定める。

附　則

この規約は、平成15年10月10日から施行する。

附　則

この規約は、平成15年12月19日から施行する。

附　則

この規約は、平成18年12月26日から施行する。

## 3　三重県議会議会改革推進会議役員

### 三重県議会議会改革推進会議役員（設立時）

（平成15年12月19日）

会　長
岩名　秀樹（自由民主党・無所属議員団）

副会長（2名）
田中　覚（新政みえ）
西場　信行（自由民主党・無所属議員団）

幹事長
萩野　虔一（新政みえ）

幹　事（若干名）
芝　博一（新政みえ）
松田　直久（新政みえ）
藤田　正美（自由民主党・無所属議員団）
木田　久主一（自由民主党・無所属議員団）
永田　正巳（無所属・ＭＩＥ）

監　事（2名）
清水　一昭（新政みえ）
岩田　隆嘉（自由民主党・無所属議員団）

### 三重県議会議会改革推進会議役員

（平成20年11月25日）

会　長
萩野　虔一（新政みえ）

副会長（2名）
中村　進一（新政みえ）
永田　正巳（自民・無所属議員団）

幹事長（兼）
萩野　虔一（新政みえ）

幹　事（若干名）
舟橋　裕幸（新政みえ）
西場　信行（自民・無所属議員団）
奥野　英介（県政みらい）
萩原　量吉（日本共産党三重県議団）
中川　康洋（公明党）

監　事（2名）
稲垣　昭義（新政みえ）
竹上　真人（自民・無所属議員団）

三重県議会—その改革の軌跡
～分権時代を先導する議会を目指して～

2009年4月26日　第1版第1刷発行
編　著　三重県議会
監　修　三重県議会議会改革推進会議
発行者　武内　英晴
発行所　株式会社 公人の友社
〒112-0002 東京都文京区小石川 5-26-8
電話　03-3811-5701　FAX 03-3811-5795
メールアドレス　koujin@alpha.ocn.ne.jp
印刷所　倉敷印刷株式会社
装　丁　有賀　強